入門・子ども社会学

子どもと社会・子どもと文化

南本長穂・山田浩之 編著

ミネルヴァ書房

　　　　　　　は　し　が　き

　あなたは「子ども」だろうか。この質問に対し，自分を「子ども」だと答える人は，いつ「大人」になるのだろう。いや「子ども」ではないと考える人は，いつ「子ども」ではなくなったのだろう。

　中年のおじさんが，自分をまだ「子ども」だと言い，小学生が「子ども」扱いしてほしくないと言う。「子ども」という言葉はなんとも不思議な言葉である。

　「子ども」という語を使う時，私たちは実体としての「子ども」が存在すると考えている。だから「子ども」の教育やしつけについて日々語り，たとえば「子ども」のスマートフォンの使い方について議論もする。その時，私たちは「子ども」の存在を疑うことはない。

　しかし，実体であったはずの「子ども」についての議論は，おうおうにして実体からかけ離れ，曖昧で抽象的な議論へとすりかわってしまう。どこにも存在しない，理念によって作られた，イメージとしての「子ども」があたかも実体であるかのように語られてしまう。

　それをよく示すのが「子どものため」という言葉だろう。「子どものため」にさまざまなものが用意され，与えられる。絵本，児童文学，おもちゃ，知育玩具，習い事など，さまざまなものが「子どものため」になるとされる。だが，いつしかそれは「子どものため」から，「親のため」，あるいは「私のため」へと変わっていないだろうか。与える側の自己満足や趣味嗜好がイメージとしての「子ども」を作り出していないだろうか。

　このようなイメージとしての「子ども」に向き合うとき，私たちは「子ども」へのアプローチが非常に難しいことに気付く。目の前に実体としていたはずの「子ども」は容易に実体のない理念的イメージへと変貌してしまう。その結果，抽象的で，かみ合わない議論が続けられる。

　それでは，私たちはいかに「子ども」と向き合うことが可能なのだろうか。本書は，こうした曖昧で捉えどころのない「子ども」について，大きく社会と文化という二つの側面からアプローチすることで，この問いに答えようとする。

本書は大きく3部により構成されている。「第1部　子ども社会学の課題」では，本書の前提となる子ども観について議論を行っている。子ども像の歴史的な形成と現在について論じられるとともに，子ども社会研究がいかに可能であるのかが検討されている。

　「第2部　子どもと社会」では，子どもと社会，また教育との関係が議論されている。社会の中での子どもの位置づけは変容し，それは現在の教育にも多大な影響を与えている。そのことを明らかにするため，「子ども」から「大人」への移行，子どもの貧困とその再生産，教室での人間関係，隠された学力の規定要因，受験競争に巻き込まれる子ども，さらに「生徒化」する大学生など，さまざまな視点から社会，あるいは教育との関係が論じられている。

　「第3部　子どもと文化」では，「子ども文化」の視点から「子ども」の変化と現状についての議論がなされている。「子ども文化」について語る際にはノスタルジックに過去の子どもの遊びに言及されることが多い。もちろんそうした伝統的な遊びも重要ではあるが，「子ども文化」は常に変化している。ここでは，現状を踏まえながら，子どもと文化の関係がテクストに基づいて論じられている。無垢とは遠い「悪戯っ子」，中国の児童文学に隠された教育観・児童観，標準化される子どもの苦しみ，いじめに苦しむ子ども，学校の怪談と特撮ヒーロー番組が描き出す子どもの生活と意識。小説やマンガ，テレビ番組など，さまざまなメディアによって，子どもと文化の関係が検討されている。

　子ども社会学という領域は広大で多様である。それゆえ本書で扱える内容は，子ども社会学のごく一部でしかない。また，子ども社会学は社会と文化に限られたものでもない。社会と文化だけに収まりきれないものは数多い。だが，本書では子ども社会学研究の端緒として，「子ども」をめぐる幅広いトピックについて，多様な理論や方法によりアプローチしている。こうした分析に触れることで，子ども社会学への関心が高まり，その扉を叩く方が少しでも増えれば幸甚である。と，堅苦しく考えるのではなく，なにより本書を楽しんでもらいたい。「子ども」へのアプローチは面白く，楽しい。本書を通じて，その面白さがわずかでも伝わればたいへん嬉しく思う。

執筆者を代表して　山田浩之

入門・子ども社会学　目　次

はしがき

第1部　子ども社会学の課題

第1章　創造物としての子ども……2
1　昔話の変化……2
2　〈子ども〉の誕生……4
3　現在の〈子ども〉……8
4　〈子ども〉へのアプローチ……11

第2章　子ども社会研究における子ども観……14
1　研究の前提としての子ども観……14
2　子どもをどのように捉えるか……16
3　特徴的な子ども観とその研究……20

第2部　子どもと社会

第3章　「大人になる」とはどういうことか……28
——社会＝空間論的アプローチによる近代的大人像の再考
1　「大人になる」ことの変容……28
2　個人化論から社会＝空間論へ……32
3　「大人になる」ことと社会＝空間の相互関連……35
4　社会＝空間的アプローチからみる「大人になる」こと……37

第4章　子どもの貧困と教育機会……40
1　日本における子どもの貧困……40

2　貧困と教育との関係 …………………………………………………… 44
　　3　児童養護施設入所経験者の大学進学 ………………………………… 47
　　4　子どもの貧困をなくすために ………………………………………… 51

第5章　教室の中の子どもたち——学級・学校における人間関係の変容 … 55
　　1　集団としての学級の特徴 ……………………………………………… 55
　　2　学校文化の変容と子どもたち ………………………………………… 56
　　3　島宇宙とスクールカースト …………………………………………… 59
　　4　学校教育における「望ましい人間関係」を考える ………………… 65

第6章　学力の社会学 ……………………………………………………………… 68
　　1　学力をどう捉えるか …………………………………………………… 68
　　2　学力調査からみる規定要因としての文化 …………………………… 72
　　3　隠された学力獲得のシステム ………………………………………… 79

第7章　受験競争からみる子ども社会 ………………………………………… 82
　　1　1990年以前の受験競争 ………………………………………………… 82
　　2　1990年以降の受験競争 ………………………………………………… 87
　　3　地方新聞投書にみる受験生の心性 …………………………………… 89

第8章　「学校化」する大学と「生徒化」する学生 ………………………… 95
　　1　「まじめ」な大学生 …………………………………………………… 95
　　2　「まじめ」の意味と大学の「学校化」 ……………………………… 100
　　3　「学校化」したキャンパスと学生 …………………………………… 104

第3部　子どもと文化

第9章　日本の近代化と悪戯っ子たち——近代的子ども観の再考 ……… 110
　　1　無垢と野生 ……………………………………………………………… 111
　　2　子供戦争と投石 ………………………………………………………… 112

3　悪　　　戯 ………………………………………………………… *116*
　　　4　悪知恵と道化 ……………………………………………………… *119*
　　　5　「悪戯っ子」と「悪」の問題 …………………………………… *122*

第10章　ピーターパンのエクリチュール──教育思想としての児童文学… *124*
　　　1　梅子涵の文体 ……………………………………………………… *124*
　　　2　テクストとしての梅子涵の作品 ……………………………… *125*
　　　3　ピーターパンのエクリチュール ……………………………… *137*
　　　4　制度への敬い畏れ，および制度からの自由 ………………… *142*

第11章　ポスト心理主義時代の「子ども」の多元的解放 ……………… *147*
　　　　　──「溶解／フロー体験」と「非標準化／脱標準化」
　　　1　「発達」概念による「子どもの標準化」と「隔離」………… *147*
　　　2　「発達」による理想化と排除の構造 ………………………… *149*
　　　3　負のラベルと溶解／フロー体験 ……………………………… *151*
　　　4　「葛藤や不安」と「非標準化／脱標準化」………………… *155*
　　　5　解放のストーリーを求めて …………………………………… *158*

第12章　ラベリングといじめ ……………………………………………… *161*
　　　1　ラベリング理論とは何か？ …………………………………… *161*
　　　2　ラベリング理論に対する批判 ………………………………… *165*
　　　3　ラベリングといじめ …………………………………………… *168*

第13章　「学校の怪談」と子ども文化 …………………………………… *175*
　　　1　子どもが「学校の怪談」を語ることの意味 ………………… *175*
　　　2　子どものまなざしへの注目 …………………………………… *177*
　　　3　「学校の怪談」は誰のものなのか？ ………………………… *179*
　　　4　社会の網の目の中で子ども文化を捉える …………………… *183*

第14章　特撮ヒーロー番組に描かれるジェンダー ……………………… *188*
　　　1　ジェンダーとは何か …………………………………………… *188*
　　　2　ヒロインの描写が変わった点 ………………………………… *190*

3　ヒロインの描写が変わらない点 …………………………………… *194*
　4　ジェンダー・バイアスは緩和されているのか ………………… *199*

人名索引／事項索引

第1部　子ども社会学の課題

第1章

創造物としての子ども

　　　　　　〈子ども〉という考え方は近代以前には存在しなかった。〈子ども〉は
　　　　　近代になって社会によって産み出された創造物にすぎない。アリエスに
　　　　　よって提示された〈子ども〉の誕生は，〈子ども〉に対する見方，考え
　　　　　方ばかりでなく，私たちの社会に対する認識にまで大きな影響を与えた。
　　　　　現代社会では，〈子ども〉はさらに複雑で多様な存在になっている。再
　　　　　び〈子ども〉は喪失したという考え方がある一方で，〈子ども〉が長期
　　　　　化し〈大人〉がいなくなってしまったという考え方もある。本章ではこ
　　　　　うした議論を概観し，近代から現在までの子ども像の変化について検討
　　　　　する。その上で，私たちが〈子ども〉にアプローチする難しさについて
　　　　　議論したい。

1　昔話の変化

　「赤ずきん」という昔話の結末を覚えておられるだろうか。オオカミに食べ
られてしまった赤ずきんとお婆さんを猟師が助け出す。オオカミに食べられる
前に逃げ出した赤ずきんを猟師が助ける。皆さんが知っている赤ずきんのス
トーリーはさまざまかもしれない。しかし，いずれのストーリーも赤ずきんは
救い出されて終わっているのではないだろうか。このストーリーは，19世紀初
めにまとめられたグリム童話に基づいている。
　ところが，グリム童話以前の「赤ずきん」のストーリーは少し違っていたよ
うである。グリムに先立つ約200年前，すでに17世紀にはフランスの劇作家，
シャルル・ペローが「赤ずきん」を再話している。そのストーリーは次の文章
で終わっている。

　　　そして，こういいながら，この悪いオオカミは赤ずきんちゃんにとびかか

って，食べてしまいました。　　　　　　　　　　（ペロー　1982：179）

　この後，若い娘たちに対し優しい狼には気をつけるよう教訓が付されているのだが，ストーリーは上のように，赤ずきんが食べられたところで終わっている。つまり，猟師は出てこないし，オオカミも懲らしめられはしない。赤ずきんちゃんはおばあさんと一緒に食べられたまま終わってしまう。

　かつては死んでいたキャラクターが死ななくなり，大けがをしたり救出されたりするようになる例は少なくない。たとえば「三匹の子豚」では藁の家，木の家を造った子豚は，いずれもオオカミに食べられてしまい，煉瓦の家を造った子豚だけが生き残る。また，日本の民話「カチカチ山」でもタヌキに打たれたおばあさんは亡くなってしまう。

　同じように時代によるストーリーの変化として，実の母が継母に書き換えられる事例がある。自分より娘の方が綺麗だと鏡に言われたために白雪姫を執拗に殺害しようとするのは，グリム初版では継母ではなく実の母であった。また，家が貧しいゆえにヘンゼルとグレーテルを森に捨ててくるよう父親に命じたのも，もともとは冷酷な継母ではなく，やはり実の母であった。

　もちろん昔話は多様であり，さまざまに語られていたため，すべての昔話が残酷だったわけではないだろう。しかし，多くの昔話はかつて残酷なシーンを含んでいた。また，なかには性的な描写を含んでいたものもある[1]。だが，私たちが知っている昔話からは，そうした残酷さや性描写が書き換えられ，消え去っている。

　なぜ，こうした昔話の書き換えが生じたのだろうか？

　その大きな理由の一つとして，〈子ども〉という概念が近代以前と近代以後で大きく変化したことがある。近代以前には私たちが現在考えているような〈子ども〉は存在していなかった。それは，いわば「小さな大人」に過ぎず，〈大人〉と同様に扱われていた。

　それゆえ近代以前の昔話は〈大人〉と〈子ども〉が区別されずに語られていた。むしろ〈子ども〉が存在しないのだから，〈大人〉とそれに含まれる「小さな大人」に向けて語られていた。それが残酷なシーンや性的な描写を多く含

んでいた理由である。

　しかし，近代になって〈子ども〉という概念が作られると，昔話は〈子ども〉を対象として語られるようになる。〈子ども〉は〈大人〉のもつ残酷さや性からは隔離され，守られなければならない存在になった。そのため，かつての残酷な昔話は書き換えられなければならなくなった[2]。

　本章では，こうした創造物としての〈子ども〉が形成される過程とその影響について概観するとともに，研究として〈子ども〉にアプローチすることの意義と難しさを示しておきたい。

2 〈子ども〉の誕生

(1) アリエスの指摘

　〈子ども〉が近代以降の産物であると主張したのはフィリップ・アリエスであった。アリエスは『子供の〈誕生〉』において，さまざまな日記や手紙などの文書，数多くの絵画などの歴史資料をたんねんに検討し，近代以前には〈子ども〉という概念が存在しなかったことを明らかにした。

　たとえば，近代以前に描かれた子どもは，体のバランスが大人と同様になっている。つまり，大人を小さくしただけに過ぎない。現在の私たちの認識では，子どもは頭が大きく，胴長で手足が短い。近代以前に子どもがこのように描かれなかったのは，技術的なものではない。子どもは大人とは異なるという認識が存在しなかったためこのように描かれたのである[3]。

　アリエスの描く歴史は，それまでの主流であった「制度史」や「思想史」とは異なるものであった。つまり，それは人々の生活や心の変化を描く歴史であり「社会史」や「心性史」と呼ばれる。

　このように〈子ども〉は近代になって産み出され，かつての「小さな大人」ではなく，保護され，守られるべき存在となった。このような考え方は当時の思想家の子ども観などにも反映されている。

　その代表的なものがルソーの『エミール』である。エミールの生誕から結婚までを描いた『エミール』は近代教育学のバイブルのように扱われてきた。柄

谷行人（1988）が指摘するように，この書はルソーの哲学的論考であり，教育について書く意図はなかったのかもしれない。しかし，高名な教育者であるペスタロッチが『エミール』に感激した話が伝えられているように，その読者は『エミール』をまさに教育の書として読むことになった。つまり，ルソーの意図は定かではないにしても，その読者たちは〈子ども〉を〈大人〉とは異なる存在とみなし，発達段階と個性にしたがって，個別に「教育」すべきものとして考えるようになった。

同様によく知られたものにジョン・ロックの言う「タブラ・ラサ」がある。「タブラ・ラサ」とは「白い（磨かれて消された）石版」という意味であり，人間は生まれた時には「白紙状態」であることを示している。ロックはその経験主義と紳士教育の中でこの概念を主張していたようだが，この概念が〈子ども〉を〈大人〉から区別する，あるいは区別すべき根拠として用いられるようになった。つまり，その白紙に何が書かれていくのかは，その後の教育にかかっている。〈子ども〉を「良い」ものとして育てるには，汚れた〈大人〉から隔離し，保護し守りながら育てていく必要があった。

このような議論から明らかになるように，〈子ども〉概念の発明は，たんに人間の人生の一時期を〈子ども〉という概念で指し示した以上のことを意味している。

その一つは，〈子ども〉が〈大人〉と対置される存在として位置づけられたことである。つまり，〈大人〉は汚れた悪い考え方をもっているが，〈子ども〉は純真無垢で汚れが無く，また，か弱いものである。したがって，〈大人〉が手厚く保護しなければ，すぐに子どもは汚れ，傷ついてしまうと考えられるようになった。

もう一つは，〈子ども〉が教育されるべき存在とされたことである。〈子ども〉の純真無垢さを保つためには，たんに保護するだけでは十分ではない。汚れないよう〈子ども〉を適切に導かねばならない。そのために重視されるようになったのが「教育」であった。つまり，〈子ども〉の誕生は「教育」の誕生でもある。

なお，ここで注意しておかねばならないのは，〈子ども〉の誕生は，近代以

前に生物学的な成長段階の一時期である子ども期が存在せず，近代以降それが実体として現れたわけではないことである。アリエスの議論は，〈子ども〉が社会的創造物に過ぎず，時代や文化によってまったく別の形で認識される可能性を明らかにしたことに意義がある。いわば〈子ども〉という存在を相対化し，それが社会によって構築された実体のないものであることが明らかにされた。したがって時代や社会，文化が異なれば，〈子ども〉は私たちの認識とは大きく異なる，あるいは存在すらしないかもしれないことが示されたことになる。

このように考えれば，社会的に創られたのは〈子ども〉だけではない。私たちの社会のあらゆる事象，あるいは社会そのものが社会的構築物に過ぎず，認識の上で絶対的なものは何一つ無いことになる。アリエスの議論はこうした私たちの認識の危うさを提示したことに意義がある。

(2) 日本での〈子ども〉の誕生

日本でも近代，つまり明治期になるまで〈子ども〉は現在とは異なる存在であった。近代になっても「間引き」と呼ばれる「子殺し」が行われていたのも，〈子ども〉が保護されるべき対象ではなかったことを示している。

また，現在も行われている能や狂言の子弟教育にも，現在とは異なる子ども像が表れている。たとえば，狂言では2，3歳で役者としての稽古が始まり，猿の役で初舞台を踏む。年齢によって演ずる役は変わるが，幼い子どもも大人と同様に扱われていたことが推測できよう。

日本の場合，子ども観が大きく変化し，西洋的な子ども像，すなわち純真無垢で保護すべき対象としての〈子ども〉が広く受け入れられるようになったのは明治期の終わりから大正期にかけてであった。その変化は大正期の新教育運動，とくに芸術教育運動において用いられた言説に明確に表れていた。

大正期の芸術教育運動で中心的な役割を果たしたのは児童雑誌『赤い鳥』であった。『赤い鳥』は当時の高名な作家たちが，〈子ども〉に向けた作品を数多く掲載した雑誌として知られている。たとえば，芥川龍之介「蜘蛛の糸」「杜子春」，有島武郎「一房の葡萄」の他，新美南吉「ごん狐」，小川未明「月夜と眼鏡」といった文学作品，また北原白秋「あわて床屋」「からたちの花」，西条

八十「かなりあ」といった童謡詩など，現在もよく知られている作品が数多く掲載されていた。

創始者である鈴木三重吉は同誌の発刊理由を次のように述べている。

〇現在世間に流行している子供の読物の最も多くは，その俗悪な表紙が多面的に象徴している如く，種々の意味に於て，いかにも下劣極まるものである。こんなものが子供の真純を侵害しつつあるということは，単に思考するだけでも怖ろしい。

（中略）

〇「赤い鳥」は世俗的な下卑た子供の読みものを排除して子供の純性を保全開発するために，現代一流の芸術家の真摯なる努力を集め，兼ねて，若き子供のための創作家の出現を迎えうる一大区画的運動の先駆である。

（中野 1968：150-151）

つまり，『赤い鳥』は「大人」と対置される「子ども」の文学を確立するために創刊された。「子ども」の「真純」は児童文学により，そして『赤い鳥』というメディアによって守られなければならない。

鈴木三重吉にかわって『赤い鳥』を運営するようになった北原白秋はさらに〈大人〉と〈子ども〉の世界の違いを強調している。

児童自身のものをして児童自身の生命を愛護せしめ，慰安せしめ，鼓舞し，鍛錬せしめる。この智情意を引つ括めた自己の美的陶冶は自由にその児童自身をして行はしめればいゝのである。私たち大人はたゞその自由な自然な発育を，その自由の精神を傷つけない上の，愛と保護と注意と激励と，さうして彼等によき暗示とよき批判と，それからよき選択をした彼等の生命の滋養物とを提供すればいゝのである。さうして機会あるごとに深く潜んだ彼等のよき叡知を外へ外へと引き出してやる事である。

（上野 1980：178）

北原白秋にとっても児童文学は〈大人〉の世界とは異なる,〈子ども〉の世界で作られたものでなければならなかった。つまり,白秋にとって〈子ども〉は〈大人〉と対置され,汚れなき,また保護すべき存在であった。こうして日本でもアリエスのいうような〈子ども〉が誕生したのである。

3 現在の〈子ども〉

(1)〈子ども〉の誕生の要因

アリエスは〈子ども〉の誕生を丹念な分析によって明らかにした。しかし,〈子ども〉が変化した要因については詳しく言及していない。

〈子ども〉が誕生した理由として,さまざまな議論がなされてきたが,その中で多く言及されるのは産業革命の影響である。18世紀から19世紀に生じた産業革命により,労働の場は農場から工場へと移行した。工場では機械を動かすための肉体労働が必要とされる。そのため,力のない子どもや女性は労働力から排除され,〈大人〉あるいは〈男性〉とは異なるカテゴリーに入れられることになったというのである。

この説には一定の説得力はあるものの,必ずしも当時の状況を十分に説明しているとは言えない。実際には労働の現場から子どもが排除されたわけではない。炭鉱などでは体が小さいがゆえに子どもが酷使されており,児童労働は産業革命期の大きな社会問題の一つとなった。したがって,産業革命による工場労働の拡大と子どもの非力さのみが〈子ども〉を生み出した要因とは言えない。

この点について斬新な議論をしているのがニール・ポストマン(2001)である。ポストマンは〈子ども〉が誕生した理由は活版印刷の発明にあるとしている。近世以前の印刷技術が未熟であった時代には,文字が書かれた書物は非常に貴重なものであった。書物を入手することは非常に難しく,また大多数の者にとっては必要のないものであった。それゆえ,人々が文字を習得する必要もなかった。

しかし,活版印刷の発明はその状況を大きく変えてしまった。活版印刷によって書物が普及すれば,人々はそれを読まなければならない。とくに産業革命

が始まれば工場での機械操作は印刷されたマニュアルによって伝達される。工場で働くためには，文字が読めなければならなかった。人々にとって識字が当然のこととなれば，それを教え，学ぶための年齢段階が必要になる。それが〈子ども〉の誕生であったとポストマンは論じている。

（2）子どもはもういない？

さらにポストマンは現在の〈子ども〉についても言及している。活版印刷による文字の広がりが〈子ども〉を誕生させたのなら，文字が重要でなくなれば〈子ども〉は必要ではなくなってしまう。現代社会ではテレビやビデオなど映像と音声がコミュニケーションの主流になっている。実際に私たちはニュースやドラマばかりでなく，機器の使い方まで数多くの情報を映像と音声によって得ている。ならば，もう文字の教育の重要性は失われ，現代社会から〈子ども〉はいなくなってしまったというのがポストマンの主張である。

〈子ども〉の誕生をめぐる議論と比べ，〈子ども〉の喪失にかかわるポストマンの議論は少し説得力に欠けるかもしれない。映像と音声のみがコミュニケーションツールになることは考えにくく，それだけで現在の〈子ども〉の状況を説明することはできないだろう。

また，さらに科学技術は進展し，現在はインターネットにもとづく多様なメディアによるコミュニケーションが広がっている。もちろんインターネットでも映像による情報は重要である。しかし，文字情報の重要性は決して失われていない。そればかりかICT（Information & Communication Technology，情報通信技術）をはじめ，情報リテラシーの教育が非常に重要なものになりつつある。したがって，ポストマンの議論の文脈では〈子ども〉の存在意義は失われることはない。

とはいえ，たしかに現在の子どもは，アリエスが指摘した子どもとは大きく異なっている。たとえば，最近の子ども服を考えてみよう。子ども服の売り場は以前にも増して充実し，拡大している。しかし，そこで売られる子ども服のデザインは大人の服にそっくりになっている。大人の服のサイズだけ小さくした服をごく幼い子どもまで着ている。かつてあったような「子どもらしい」，

つまり，子ども服独特のデザインはほとんど見られなくなっている。

また，いわゆるアイドルと呼ばれるタレントの年齢も低くなっている。アイドルグループでは，小学校高学年や中学生といった10代前半でデビューする者が少なくない。〈子ども〉は〈大人〉と変わりなくメディアに登場し，活躍している。

こうした〈子ども〉の姿は，むしろアリエスの言う近代以前の子ども像に近い。つまり，現代は再び〈子ども〉のいない社会になってしまったと考えることもできる。

(3) 第2の〈子ども〉の誕生

その一方で，〈子ども〉がいなくなったのではなく，〈子ども〉が長期化したと考えることもできる。現代社会では〈大人〉がいなくなり，〈子ども〉ばかりになってしまったという議論である。

山田 (2003, 2012) は戦後のマンガをめぐる言説や，マンガの内容の変化を検討し，1970年前後に再び子ども像が変化したことを指摘している。それが山田のいう「第2の〈子ども〉の誕生」である。

これまで論じてきたように，アリエスのいう〈子ども〉の誕生，あるいはポストマンの議論でも，子ども像の形成に「教育」は重要な役割を果たしていた。つまり，「良き大人」になるためには「教育」が欠かせない。それゆえ〈大人〉と対置される〈子ども〉が必要とされることになった。ようするに近代の〈子ども〉は〈大人〉と対置されながらも，〈大人〉への連続性をもっていた。

しかし，1970年前後の「第2の〈子ども〉の誕生」により子ども像は再び変化した。〈子ども〉は閉じた世界に封じ込まれ，〈子ども〉のみで完結する世界を生きるようになる。つまり，〈子ども〉は〈大人〉から切り離され，〈大人〉になるための「教育」は重視されなくなってしまった。〈子ども〉が享受するのは子どものための文化であり，その文化は〈子ども〉の中で自己完結してしまう。ようするに〈子ども〉は〈子ども〉の世界のみで生きるようになり，成長することをやめてしまったのである。

このことをマンガを例にとって考えてみよう。1960年代まで，マンガは必ず

しも〈子ども〉のものではなかった。劇画の流行などに見られるように，マンガは大人も含めた広い世代に受け入れられていた。

しかし，1970年前後に，マンガは〈子ども〉の読み物と位置づけられるようになる。教育評論家の阿部進は当時，批判の対象であった『ハレンチ学園』などのマンガについて，それを「「子どもによる，子どもの，子どものためのマンガ」の誕生」（阿部 1969, 218）と述べている。つまり，マンガは〈子ども〉によって生み出され，〈子ども〉のみに理解され消費されるものとされた。〈子ども〉のものであるマンガは〈大人〉には理解できないものゆえに批判の対象になったことになる。こうしてマンガは〈子ども〉のものとされ，さらに，マンガを読む者までが〈子ども〉と位置づけられることになった（山田 2012）。

〈子ども〉のものであるマンガを読む者たちも，年齢を重ねれば大人になる。しかし，そうした者たちは生物学的には大人でも，文化的には〈子ども〉のままでしかない。つまり，〈子ども〉は大人文化を身につけることなく，子ども文化をもったまま年齢を重ねることになった。

同様のことは，マンガだけでなく，多くの子ども文化で生じている。「仮面ライダー」や戦隊物，あるいはプリキュアなどのアニメや特撮ヒーローものなども，近年は子どもではなく大人を対象に制作され，こうした番組を親世代が喜んで熱心に見ている。あるいは子ども向けだったはずの玩具菓子やガシャポンなどにも，昔のキャラクターなど，あきらかに子ども向けではない商品が並んでいる。

このように現在は子ども文化ばかりが流通している。それを楽しむのは〈子ども〉だけではない。むしろ，大人が子ども文化を消費し，楽しんでいる。〈大人〉へと成長するのをやめた〈子ども〉の世界，それが現代なのかもしれない。

4　〈子ども〉へのアプローチ

〈子ども〉とは，いったい何なのだろうか。私たちが〈子ども〉について語ろうとするとき，〈子ども〉をどのように捉えれば良いのだろうか。

上で述べたような子ども期の消失や長期化だけでなく、〈子ども〉を見る視点は数限りなくある。実際の育児や幼児教育の現場では、社会的に構築された〈子ども〉ではなく、現実の子どもを対象にしなければならない。それゆえ、実践の場で語られる子どもは、ここで論じてきたものとは大きく異なるのかもしれない。

　しかし、〈子ども〉について語るとき私たちが忘れてはならないのは、〈子ども〉は相対的な存在に過ぎないということである。時代や社会によって〈子ども〉の捉え方は大きく異なっている。今、私たちが考えている〈子ども〉は一つの考え方、見方に過ぎない。本章で議論してきたように〈子ども〉とは多様で複雑なものである。

　それにもかかわらず、私たちが〈子ども〉にアプローチする際には、〈子ども〉について語らざるをえない。そのとき、語られている〈子ども〉は〈大人〉によるノスタルジーや夢の産物にすぎないのかもしれない。つまり、かくあるべしと思い込まれた〈子ども〉が〈大人〉によって語られているにすぎない。

　それは実体としての子どもが語られるとき、すなわち育児や学校教育の現場で子どもが語られる際にも変わらない。私たちは近代になって作られた純真で傷つきやすく保護すべき存在という〈子ども〉のイメージを実体としての子どもに重ね合わせているのだろう。それゆえ「子どものため」という言葉はおうおうにして「大人のため」を意味することになる。「子どものため」に与える絵本、玩具、あるいは教育までもが大人の欲求を満たすものなのかもしれない。小谷（2006）が言うように、現在の子どもは「代行的消費者」にすぎない。

　したがって〈子ども〉について語る際には、常に私たち〈大人〉がどのような解釈枠組みで〈子ども〉を見ているのかについて常に自覚的である必要があろう。私たちは無自覚に〈大人〉の枠組みで〈子ども〉を捉えている。逆説的ではあるが、「子どもの社会学」は同時に「大人の社会学」でもあることを忘れてはならない。

注

1) ペロー版での赤ずきんは服を脱いでオオカミの寝るベッドに入っている。また，桃太郎では鬼退治の後などに遊郭に寄る話もある。
2) 近代になって子ども観の他，婚姻，家族，母性愛，恋愛なども大きく変化したとされる。
3) アリエスが絵画を分析した手法は図像学と呼ばれている。アリエスによる研究は図像学の可能性を示したことでも大きな影響力を持った。

参考文献

阿部進（1969）「マンガが生んだマンガのチャンピオン」永井豪『ハレンチ学園』第1巻，集英社.
アリエス，Ph., 杉山光信・杉山恵美子訳（1980）『〈子供〉の誕生——アンシャン・レジーム期の子供と家族生活』みすず書房.
上野浩道（1980）『芸術教育運動の研究』風間書房.
小谷敏（2006）「仮面ライダーたちの変貌——新人類世代と新人類ジュニア世代」『三田社会学』第11号.
ポストマン，N., 小柴一訳（2001）『子どもはもういない』新樹社.
柄谷行人（1988）『日本近代文学の起源』講談社.
中野光（1968）『大正自由教育の研究』黎明書房.
ペロー，C., 新倉朗子訳（1982）『完訳ペロー童話集』岩波書店。
山田浩之（2003）「マンガはどう語られてきたのか？」『子ども論を読む』世界思想社.
山田浩之（2012）「マンガにみる子ども社会の揺らぎ」『子ども社会学への招待』ハーベスト社.

（山田浩之）

第2章

子ども社会研究における子ども観

　本章では，子どもに向けられるまなざしや見方，つまり子ども観に焦点を合わせ，子どもと社会にかかわる研究が生み出した知見を紹介しながら，子どもへの大人からのまなざしにどのような特徴が見出されるか，をみてみたい。

　最初に，子ども社会の研究で，子ども観がなぜ重要な問題となるのかを考える。心理学的な研究では，子ども個人を対象とする場合が多いので子ども観はあまり重要な問題とはならないが，大人と子どもの関係，その関係のあり方に影響を及ぼす文化や社会，あるいは歴史の中で子どもを研究しようとすると，子ども観は無視できない重要な研究対象となる。続いて，子ども観はどのように明らかにされているのかをみていく。とくに，体系的，実証的に検討されているものを取り上げてみたい。そして最後に，わが国で子どもを論じたり，研究する際に見落とすことができない，特徴的な子ども観を析出した研究を取り上げたい。

1　研究の前提としての子ども観

　子どもとはどのような存在か，と問えば，まず比較されるのが大人である。その違いは誰が見ても明らかである。体格や体形，服装や言葉づかいなど見た目の違いから，大人と子どもは区別されるが，最も単純で客観的な区分の基準としては，年齢という属性が採用される。各種の法律では，年齢を基準に権利の主体（大人）が決められている。もちろん年齢だけでなく，社会や時代によっては，結婚とか，職業に就くとか，通過儀礼としての成人式なども，重要な指標と考えられる。つまり，特定の年齢に達していない，結婚や就職をしていない，成人式を迎えていないなどが，子どもという社会的な在り方を決めている。大人が権利の主体や自立という言葉で表現されるに対して，子どもは庇護

や保護，依存や監督される存在として位置づけられる。

　さて，子どもはどのような存在としてみられているのか，この問いが子ども観である。子ども観という場合，大人からの子どもへのまなざしが前提となる。子どもが自らにまなざしを向けて子どもとは何かを問うことはまれであり，子どもが抱く子ども観という視点はない。あくまでも大人からのまなざしが前提である。ところで，大人からの子どもへのまなざしを考えてみると，常に2つの方向性がみられ，相反し，矛盾し，両面価値的など，といった特徴がある。たとえば，英和辞典（『ジーニアス英和辞典　第4版』大修館書店）を引くと，childish と childlike という子どもの特徴を捉えた用語がある。前者は，子供っぽい，おとなげない，幼稚な，ばかげた等の意味で，道理をわきまえないことを暗示し，悪い意味で用いられると説明されている。後者は，子供らしい，純真な，率直な等の意味で，無邪気で好ましいことを暗示し，よい意味で用いられる。どちらも子どもの特徴を表す言葉であるが，好ましいまなざしと，まったく反対のそうでないまなざしが共存する。これは大人が子どもの存在を捉える際によくみられる現象であり，子ども観の特徴を形づくる。

　確かに，新聞紙上等でその問題の深刻さが報道されている児童虐待を例に考えてみても，大人である親のわが子への対応が，児童虐待に相当するのか，それとも，躾（しつけ）の行為なのか，専門的知識がないと，そうした親のわが子へのまなざしを判断するのは難しい。子どもへのまなざしが，「子どものため」という前提をとりながらも，どこまでが保護や管理で，どこからが虐待や放棄なのか。子どもの自主性や自由をどこまで認めるのか，認めないのか。大人の子どもへのまなざしには常にゆらぎがみられる。

　子ども観を考える場合に，もう一つ重要な特徴がある。大人が子どもに向けるまなざしに，子どもとのかかわりの中で，時に，変化や変容が起こり得ることである。たとえば，以前，中学校教師に教育という仕事の喜びとか楽しさはどこにあるのかを尋ねた時の次の語りにみられた。学級の中で反抗的な子どもがいて，教師としては「子ども」＝「幼稚，ガキ」だと思い，感じ，見ていたのだが，あるかかわりの中で，「人間」と感じられた感覚を味わったと言う。それは「こんなふうに物事を捉えていたのだ」「こんなふうに考えていたのか」

など，今まで自分が考えていなかったり，気づかなかったことを，その子とのかかわりの中で発見できたこと。こうした新しい発見や学びが教育という仕事の喜び，教師の仕事をしていてよかったという感激をもたらす。「幼稚，ガキ」といった狭く，偏見に囚われた見方から，ある状況を境に「人間」とか「ステキな子ども」へとみ方が変容していく。個々の子どもへのかかわりが，時として，自らの成長のきっかけとなり，自らの子ども観の変化や変容をもたらすという機能をもっている。

　子ども観を考えることで，子どもの現状や問題に対して，分析視角（視点）を提供し，問題への切り口を示すことができはしないか。以下，子ども観に関するこれまでの研究の諸成果を取り上げながら，子ども社会研究における子ども観の意義や意味を考えていくことにする。

2　子どもをどのように捉えるか

　子どもはどのような存在であるかに関して，子ども，あるいは子どもの問題を遡上に載せ，論じる場合，問題を捉える枠組みを，子どもという存在を相対立する2つのまなざしによって問題に迫るという試みがなされている。ここでは，子ども観をテーマとする研究を取り上げ，子ども観をどう定義しているか。また，どのような先行研究（の領域や対象）に基づき，どのような問題（領域や対象）を取り上げて，検討をどう進めたのか。そして，子ども観を論じる枠組みにはどのような特徴があるか，などに着目しながらみていく。

（1）法の立法過程分析から

　まず取り上げたのは，東野充成の『子ども観の社会学――子どもにまつわる法の立法過程分析』（大学教育出版，2008年）である。

　子ども観とは，「ある社会が有している『子ども』という存在に対する思考の枠組である。すなわち，『子どもとはこういうものだ』『子どもとはこうあるべきだ』といった価値や信念，子どもに対する評価などから構成される社会意識の一形態である。」と，東野は定義している。つまり，「普段特別に意識する

ことはないが，我々には子どもに関する特別の思考の枠組がある」とし，この思考の枠組によって，「子どもに対する感情や行動，言説，子どもを取り巻く制度などが構成されている。」と捉えている。

　本書では，従来の子ども観に関する研究動向を4つに整理している。(1)法や道徳，組織構造といった狭義の制度に埋め込まれた子ども観を析出しようとする研究。(2)慣習や服装，住居・建築物など，人々の実際の行動を基にして子ども観を炙り出そうとする研究。これは文化人類学的・民俗学的な分野の研究を中心に，研究業績が積み重ねられている。(3)言説や芸術など表現の中でつくり出される集合表象（シンボル）を分析する方法。多数の図版資料を用いて，ヨーロッパ社会における子ども期の発見，その後の子どもの研究に大きな影響を与えたアリエスの『子どもの発見』はその先駆である。(4)特定の思想家や教育実践者，児童文学作家などを取り上げ，その子ども観を抽出する方法である。　東野は「子どもに関わる法が立法化される過程を取り上げ，そこに内在する子ども観」を検討している。立法過程として取り上げたのは，一つは，児童福祉に関する法律（1997年の児童福祉法改正，少子化社会対策基本法と次世代育成支援対策推進法，認定子ども園設置法と福岡県認定子ども園認定条例），もう一つは，子どもの人権に関わる法律（2000年少年法改正，児童売春・児童ポルノ処罰法と出会い系サイト規制法，児童虐待防止法）である。

　東野は，法的枠組においては，「権利の主体としての子ども」観と「責任の主体としての子ども」観とを「コインの裏表」だと捉える。出会い系サイト規制法では，子どもの位置づけを性犯罪の被害者というものから加害者へと大きく舵を切ったと指摘する。この例は「大人」という規準を引き下げることにより，「責任の主体としての子ども」観が「一種の統治の技術としても機能している」と指摘する。そして，「権利行使の主体」としての子ども観（大人と子どもの差異を極小化する立場）をラディカルに突き進めれば，「責任の主体」としての子ども観と重なり合う。子どもの性的自己決定権を尊重していけば，自らのセクシュアリティに責任をもつ子ども像へ行き着く。この考え方に立つと，「保護の対象」としての子ども観すら曖昧にされ，保護主義の立場から異議が申し立てられる。立法過程における，子どもへのまなざしとしての「保護

と権利の間に責任という概念をどう挿入するのかはいまだ見えてこない。」という課題を提起している。そして、「近時の子どもをめぐる法律論議では、保護、権利、責任という概念が提出される法律ごとに錯綜しており、一貫した子ども観を見いだすことができない。」と結論づけている。

こうした法をめぐる保護、権利、責任という概念は、大人と子どもの境界をどう考え、どう線引きをするかという問題である。社会的な責任を担う大人には問題にならないが、未だ大人とはみなされない子どもには大きな問題となる。子どもという存在を認めながら、大人とどこで境界を定めるか、を問うている。なお、是澤博昭・是澤優子は、編著『子ども像の探究』の中で、法律上子どもと考えられる年齢を整理し、児童福祉の視点から子どもの現状を事例的に素描している。

(2) 実証的な分析から

住田正樹の「現代日本の子ども観」(住田正樹・多賀太編『子どもへの現代的視点』北樹出版、2006年 所収論文) を取り上げる。

まず、子ども観の定義では、現象としては、個々人が抱く子どもについての観念であるから主観的な側面があるが、大局的にみれば、人々は子どもについて基本的に共通な観念を形成しており、客観的な側面がみられる、と捉える。そして、子ども観はその社会や集団の成員に共有された観念であることから、子どもへの働きかけ方や取扱い方に特定の方向付けを与えるもの。つまり、「子ども観は子どもに対する人々の態度・行動を媒介する内面的要因」だと説明し、「子ども観の内容を分析することによって、子どもに対する人々の働きかけの動機・目的や相互作用状況、人々が子どもに対して抱いている信念や価値感情、その社会や集団における子どもの社会的位置や子どもの発達の方向性 (社会化の目標や方法) を理解することができる。あるいは、……比較文化的に分析することによって、日本の子どもに特有の社会化の様相とその結果を。またある地域の子どもに特有の社会化の様相とその結果を理解することができる。」と、子ども観を検討することの多大な意義を指摘している。

また、これまでの子ども観の研究では、(1)風俗、習慣・儀礼・行事など伝統的文化に見られる子どもの行動様式についての研究、(2)文学・絵画・映画など

芸術作品に描かれている子ども像についての研究，(3)歴史的資料としての教育書・育児書に見られる子ども観・育児観あるいは思想家の子ども観といった歴史的・思想史的研究，が中心だったと概観している。

　そこで，住田は，これまでに研究成果の乏しい，その社会や集団の人々が共有している子ども観を実証的に把握しようとした。まず，子ども観を相互に関連する構成諸要素に分けて概念化を試み，3つの体系（信念・価値的体系，認知的体系，心象的体系）から構成されていると構想し，調査を実施している。

　調査（2003年に福岡県で20歳以上の選挙人名簿から抽出した2503人に実施）の結果を，一部抜粋して示すと，(1)子ども期＝幼児期・児童期と捉えている。(2)「子どもらしさ」の内容は，幼児期では大人に依存し保護されるなかでの無邪気さ，純粋さ，児童期のそれは仲間と元気よく楽しく集団的遊戯活動に興じること。(3)理想的な子ども像は，大人の言うことに従い，社会の規範を守りつつ，仲間とともに自由に集団的遊戯活動に興じている子ども。(4)子どもの態様に対する認識は，子どもたちの性格，意識（考え方），態度，人間関係，行動，表現（言葉づかいと服装）のいずれにも否定的である。(5)子どもに対する本来の感情は肯定的・好意的であるにもかかわらず，今日の子どもたちに対する感情は否定的・嫌悪的である。(6)今日の子どもたちの態様に対する評価は，子どもらしくないと否定的であり，その発達の方向性に対する評価も，望ましい方向性に育っていないと否定的である。(7)自己中心的，わがまま，横着，無責任という相互に強く関連した一群の否定的イメージが，今日の子どもに対するイメージの中核部分をなしている。このイメージは子どもたちが有する大人との比肩的な対等意識・態度・行動からきている。

　結果をみると，一般の大人の抱く子ども観は子どもに好意的ではない。無邪気さ，純粋さ，元気さ，親密さなどが大人の考える子どもらしい子ども像であるが，現実の子どもの現状や問題に触れる度に，自分の抱くイメージと大きな齟齬をきたす。大人の抱く子ども観に照らした場合に，子どもの現状や問題はとうてい受け入れ難く，納得できないことも多いのであろう。個々の子どもの行動や心情に直接触れて感じる子どもへの認識ではなく，子どもの一般的な問題にマスコミ等で触れることで得る情報やその受けとめ方に基づく子どもへの

認識の方が，大人の生活の中で多くなるにつれて，子どもに対して好意的でなく否定的になる。逆に言えば，今日の大人には，子どもの良さを認識できる機会が減少していることから，子どもとの直接的なふれあいの中で感激したり感動できる体験をもちがたい大人の状況を物語っているとも言えなくもない。

3 特徴的な子ども観とその研究

　子どものイメージは，と問われると，わが国の伝統にどっぷり浸かった大人ならば，純粋とか無垢といったイメージを思い浮かべる。たとえ，悪ガキというイメージをもったとしても，子どもらしい元気さ，少し乱暴でいたずら好きといったイメージであり，極悪非道な大人を思い浮かべて，悪ガキをイメージすることはない。実際の子どもの行動や心情が純粋で無垢であるかどうかはともかく，純粋，無垢であるといった子どもへのイメージは，わが国ではかなりの程度定着している。ここでは，特徴的な子ども観を取り上げる。

（1）童心主義と呼ばれる子ども観

　取り上げるのは，河原和枝の『子ども観の近代――「赤い鳥」と「童心」の理想』（中央公論社（新書），1998年）である。

　河原は，「近代西欧の子ども観の影響を受けながらも，西欧とはやや異なったプロセスで〈子ども〉の誕生をみることになった。」と指摘する。すなわち，アリエスのいう西欧社会での子ども期の誕生とは異なり，わが国では，学制発布により，江戸時代に武士の子や商人の子として身分制の中で多様な取扱いを受けていた子どもが，学校という均質な空間で，義務教育の対象として「児童」という年齢カテゴリーに一括され，制度的に生み出された。この「児童」という存在に，ある属性が付与され，近代的な子ども観が誕生したという。ある属性とは，「明治末期，小川未明をはじめとする文学者たちの夢として，あるいは退行的空想として見出された。」もので，かれらが賛美し描いた観念的存在としての児童を指す。この新しい子どものイメージ，すなわち，今日では，子どもを無垢な存在とみるロマン主義的な子ども観と呼ぶものである。なお，

当時は,「無垢」よりも,「童心」という言葉が好まれたと解説している。

　本書では,鈴木三重吉により大正7年7月に創刊された雑誌『赤い鳥』(昭和4年3月休刊),127冊に収められた作品を取り上げ,作家の創作と考えられる作品の中から子どもが主人公である童話を中心に,『赤い鳥』の特徴をよく示す童話的世界を描いたものなど,238編を選び出し,当時の子どもの置かれた社会・経済的な状況とか,他の子ども向け雑誌との違いなどに触れながら,特徴を析出している。なお,『赤い鳥』の主な読者,都市の中産階級の家庭の子どもであり,地方では教師が自ら購入して子どもに読み聞かせたと言われる。

　作品に描かれた子どものイメージは,大別すると次の3つ。すなわち,1つは,「良い子」あるいは「善良さ」のイメージである。当時人気のあった雑誌『少年倶楽部』に描かれた「良い子」とは,顕著な違いがあるという。勤勉努力,正義漢,熱い友情,改心して真面目になる,男らしく潔い,義侠心や雄々しい態度などの資質であり,こうした資質を賛美し,「偉大なる人」になることを掲げ,当時の社会で優勢な影響力をもった立身出世主義や英雄主義を称揚していた。他方,『赤い鳥』には,このタイプの「良い子」はほとんど登場しない。職業や社会的地位を超越した話しの筋立ての童話が多く,理想の実現に向かって積極的に行動する「良い子」は少数派で,「良い子」の多くは,素直さ,優しさ,思いやり,反省する態度といった内面的属性によって特徴づけられ,行動よりはむしろ内面の問題が強調されている。

　2つは,「弱い子」のイメージである。たとえば,ひとりくよくよ悩む精神的に弱い子,病気の子,貧しい子,社会の下層にあって虐待される子,運命に流されるままの無力な子,心の弱さゆえに事件を引き起こして葛藤する子,あえなく死んでしまう子などである。特にこの「弱い子」を主人公にした作品が多く,しかも,その弱さが最後まで克服されないまま話が終わることも少なくなく,『赤い鳥』の作品の特徴であり,同時に,この弱さは子どもが大人と比較して弱い存在であるという以上の意味をもっている,と指摘する。

　3つは,「純粋な子」のイメージである。ファンタジーの世界として純粋さを表現したり,日本の民話的な素材を用いて牧歌的世界を描いたりなど,純粋さは多くの作品のテーマになっている。大人と違い私利私欲や利害打算にとら

われないとか,「世間知を持った大人には許されない非妥協的な態度を貫く」といった作品の特徴が「純粋さ」のイメージを構成しているという。そして,世俗の大人から見ればありえない作品の筋立て,河原が「純粋さの特権」と形容するような,子猫の命を守ろうとして汽車の発車時刻を遅らせる少女の純真さを描いた作品を例に挙げて,その少女の父親が駅長に汽車を発車させないようにと指示を出すことができる人物で,「社会のルールよりも小さな生きものを守ることを貴いものとした父親の姿」に読者である中産階級の家庭の進歩的イメージを表している,と解釈している。

　善良で,弱く,純粋な,このイメージから,河原は童心主義の子ども観を読み解いた。雑誌『赤い鳥』の諸作品を通して生みだされた子ども観はその後のわが国の子ども観に大きな影響を及ぼすことになる。大人と子どもの区分以上の意味を子どもはもつこととなり,子ども中心主義といった表現も生まれた。

（2）保護される子ども観

　取り上げるのは,沢山美果子の『近代家族と子育て』(吉川弘文館,2013年)に収められたⅡの第一章と第二章である。

　アリエスによる「子どもの発見」は,近代の産業社会の中で,学校,家族によって管理,統制される「保護される子ども」の発見であるということに,沢山は着目する。同時に,アリエスに触発されて「保護される子ども」の発見に関して,わが国で蓄積されてきた研究を整理した大門正克の指摘に着目する。大門によると,そこに2つの視座がみられるという。1つは,近代の「子ども」の誕生を学校に通う児童の誕生に求め,学校による子どもの身体の規律化,国民化に注目した「児童＝子ども」の発見という視座,2つは,「近代家族との関わりで子どもを位置づける」近代家族論による子ども像の視座である。つまり,「保護される子ども」の問題を近代一般の特徴として強調しており,子どもを受身形で描いている点で共通性がある,とそれまでの研究を捉えている。

　沢山は,大門の整理を手がかりに,わが国で蓄積されてきた研究では,学校による児童の規律化,国民化,近代家族による保護される子どもという側面だけが強調されるが,それだけでは,子どもにとっての近代は十分には捉えられ

ないといった問題意識から，「保護される子ども」の問題を捨て子と親子心中の事例にもとづき，「近代の子どもの現実」に焦点を合わせた。

　捨て子を，家庭の外にある子どもの象徴的存在であるとみなし，保護という制度化の進行が，保護の枠外にいた子どもの現実を顕在化させた。近代の産育政策は，明治初年の堕胎・間引き，捨て子に対する取り締まりと保護から出発するとし，当時の取り締まりと育児救済について概観している。明治4年に制定された「戸籍法」では，江戸時代の「捨子」と読み方は同じだが，養子女として貰われた場合にも「棄児」という表記に変わった。沢山は，この名称の変化が近代の捨て子の置かれた位置を象徴的に示すと言う。捨て子を収容した養育院の子どもの現実を紹介し，養育院の役割や機能を論じ，1900年頃からの捨て子数の減少の要因として，民法の公布による結婚離婚の手続きの厳格化，および，「子ども中心の愛情に満ちた家庭をつくることが女性の役割である」ことを規範とする家族（近代家族）の登場により，子どものために離婚をためらう心性を指摘している。また，捨て子の事例から，捨て子をする親自らが捨て子は許される行為でないこと，子どもへの愛情を欠いていること，を自覚していることに注目し子どもへの親の愛が価値あるものと考えられるようになってきた時代状況を読み解いている。江戸時代には，捨て子に対する親の罪悪感や葛藤を読み取ることは難しく，生活を維持できない場合に，子どもの生存と養育を他者に託する手段が捨て子であった。ここに近代家族の子どもへの愛を中核に成立する近代家族の特徴を見出している。

　全国的には1900年以降捨て子の数は減少するが，東京府は増加していく。都市の貧困層では，家族の扶養能力の低下や地域共同体の相互扶助の弱体化のなかで，母子の心中や遺棄が相次ぎ，母と子を一体として保護する必要性が言われ始めた。1920年代という時代は新中間層の家族では，「保護される子ども」の規範化が進行したが，他方では，貧しい社会階層の家族では，心中や遺棄という事態が生じていた。なお，母子心中は江戸時代には少なく，また近代に入った明治時代にも少なかったが，大正から昭和と急速に増加したことで注目されようになった社会現象だが，大都市に多い現象だと説明する。沢山は，この母子心中から「保護される子ども」観は育児担当の者とされた母親の私物とし

てみる子ども観でもあったと指摘する。母子心中はこうした子ども観が社会に流布するなかで登場してきた近代家族の抱える矛盾であると指摘する。

　沢山はさらに，捨て子を選んだ親と親子心中を選んだ親とを比較し，親たちの階層差と子どもへの心性には違いがあるという興味深い分析をしている。すなわち，親子心中を選んだ人々は性別役割分担家族としての家庭を形成する人々，捨て子を選んだ人々は都市下層にあって世帯を形成したものの，それを維持できない人々であり，「保護される子ども」という規範からみれば，親子心中を選んだ親の方が規範により強く縛られていると指摘する。そして，「保護される子ども」という規範の「下層」「無産労働者」への一般的な浸透というだけでは捉えきれない，重層的状況が存在していたと結論づけている。

（3）教育家族にみられる子ども観

　取り上げるのは，沢山美果子の前掲書のⅡの第三章，及び，広田照幸の『日本人のしつけは衰退したか』（講談社（新書），1999年）の第2章である。「教育家族」の成立とか「教育する家族」の登場と表現される，新しい家族との関連でどのような子ども観が成立してきたのか。ところで，子どもは，2つの性格を備えている。子どもの時代を子どもらしく生きることと同時に，将来の姿を見通すと当然のこととして子どものままの存在では許されず，大人になることが期待される。この大人になる過程で近代社会になり影響力をもってきたのが学校である。古くからの子育ての伝統や慣習だけに依存しては，近代以降の社会では生きていけなくなった。また，「子どもを産み，保護する」家族として，大正時代に入り工業化が進展し，経済的規模が大きくなり，いわゆる豊かな俸給生活者からなる新中間層の家族が出現してきた。この家族は，子どもをより良く育てる親の責任を強く感じ始めた階層であり，教育をすることを家族の主要な価値と考える。すなわち，愛護されるとともに教育される存在として子どもは考えられるようになった。この家族の誕生が，「人並み以上に」なるための進学競争を強いることになる。

　近代に入り生まれた職業を担う新中間層の家族では，学歴によって親の職業の継承が可能となるし，親以上の社会的評価を得ようとする場合にも，頼るの

は学歴であり，この学歴を求める教育の担い手として母親が登場する。新中間層の家族では，父親が職業を，母親が子どもの教育や家事を担うという性別役割分業が成立する。沢山によると，大正時代に，高等女学校という当時の女性の中で高い教育を受けた母親には，地方都市においても，子どもへの「教育」熱の高まりがみられ，育児の商品化という教育投資もみられた。たとえば，玩具，子ども服，児童書，菓子，あるいは理想の子ども部屋などに，関心が高まったと指摘している。また，よりよい教育機会を求めて，教育を受けるにふさわしい学校選択もなされている。また，子育てのモデルになった人物や子育てをする母親の声を取り上げた母親向けの新聞等が発刊された。

　ところで，新中間層の家族では性別役割分業を前提に母親がもっぱら子どもの教育を担うようになっていったが，新中間層の増加とともに，すべての家族で子どもの教育がうまくいくとは限らなくなった。この点を捉えて，沢山は興味深い分析を行っている。教育熱は高まるが，わが子が必ずしも学力競争の勝者になれないことと，子どもに与える害を意識する。にもかかわらず，教育熱心であり得た理由は何か。童心主義への傾斜であると解釈している。学力による社会的成功とは異なる別の次元での子どもという存在に価値を見出したことであると捉える。わが子が学歴競争の勝者とはなれなくとも，「学力とは異なる童心，純粋無垢という価値を持っている。」「この価値を俗悪な社会から隔離し見守る必要がある。」こう考え，教育熱心であり続け，「教育を受ける子ども」というまなざしのもとに子どもを管理することになったと指摘している。

　なお，広田は，この童心主義への傾斜について，親の子どもによい児童文学を読ませたいという思いには，「児童の無垢や純真さを賛美」する心情だけでなく，文学作品を読むことを通して「よい教育的効果を与えることを期待しているという計算高い側面もある」と指摘し，ひとひねりした「教育的配慮」がみられ，童心主義が新中間層の母親に支持された要因だと考えている。

　以上3つの特徴的な子ども観をみてきたが，いずれも今日の社会で子どもの現状や問題を考えるときに，常に頭をもたげてくる。年端のいかぬ子どもがそんな事件を起こすはずがない。なんて無責任な親なのだ。偏差値の高い学校へ進学するだけが教育なのか，など日常的に言説が飛び交っているが，こうした

問題の底流には個々の大人の子ども観が深く関係している。

　もちろん，本章で取り上げた子ども観がすべてではない。たとえば，紙幅の関係で取り上げられなかった，わが国の民俗学的な子ども観，あるいは，外国の子どもとの比較で見るわが国の子ども観など，残された子ども観も多い。

参考文献

アリエス，Ph.，杉山光信・杉山恵美子訳（1980）『〈子供〉の誕生――アンシャン・レジーム期の子供と家族生活』みすず書房.

石川謙（1997）『わが国における児童観の発達』久山社.

大門正克（2000）『民衆の教育経験』青木書店.

河原和枝（1998）『子ども観の近代』中央公論社.

北本正章（1993）『子ども観の社会史』新曜社.

小谷敏編（2003）『子ども論を読む』世界思想社.

小林登他編（1986）『子どもとは』（新しい子ども学3）海鳴社.

小山静子編（2013）『子ども・家族と教育』日本図書センター.

是澤博昭・是澤優子（2012）『子ども像の探究』世織書房.

酒井朗・多賀太・中村高康編（2012）『よくわかる教育社会学』ミネルヴァ書房.

庄司和晃（1979）『柳田民俗学の子ども観』明治図書.

住田正樹・多賀太編（2006）『子どもへの現代的視点』北樹出版.

住田正樹・鈴木晶子編（2005）『新訂　教育文化論』放送大学教育振興会.

佐藤淑子（2001）『イギリスのいい子　日本のいい子』中央公論新社.

沢山美果子（2013）『近代家族と子育て』吉川弘文館.

庄司和晃（1979）『柳田民俗学の子ども観』明治図書.

恒吉僚子・S．ブーコック編（1997）『育児の国際比較』日本放送出版協会.

野上暁（2008）『子ども学その源流へ』大月書店.

東野充成（2008）『子ども観の社会学』大学教育出版.

広田照幸（1999）『日本人のしつけは衰退したか』講談社.

広田照幸（1998）「〈子どもの現在〉をどう見るか」『教育社会学研究』63：5-22.

望月重信（2010）『子ども社会学序説』ハーベスト社.

元森絵里子（2009）『「こども」語りの社会学』勁草書房.

森楙（1998）「子ども研究の動向と課題」『教育社会学研究』63：75-95.

（南本長穂）

第2部　子どもと社会

第3章
「大人になる」とはどういうことか
――社会＝空間論的アプローチによる近代的大人像の再考

　「子ども」が特定の社会に誕生した社会的カテゴリーであるなら（アリエス 1980），「大人」も同様のカテゴリーだと言えよう。近代学校制度の発展と児童労働の排除は，遊び，学び，保護され教育される子どもを生みだした。同時に，労働に従事し子どもを保護し教育する者として，大人が誕生したわけである。

　この見方は，20世紀を通じて広く社会に浸透した規範的大人像である。ところが，20世紀末の日本では子どもから大人へと円滑に移行できない若者が問題化された。かれらは，学校を終えた後も自立できず親に依存し，家族を形成するどころかしばしば貧困に陥るようになった。年齢的にも状況的にも，誰が子どもで誰が大人なのかは曖昧になった。

　しかし，このように強調することで，上記カテゴリーが一定のリアリティや「望ましさ」を保ちつつ相変わらずわれわれの思考や行為を規定している側面を見逃してはならない。「曖昧化」論は，子どもや大人は依然あちこちでさまざまに認知され経験されているという，ミクロな局面を見逃している。大人を近代の社会構造や制度が生みだしたマクロなカテゴリーとみなす見方が，人々にとって身近で具体的な大人を記述する方途を閉ざしてきたのかもしれない。

　本章では「大人になる」ことをめぐる最近の議論を批判的に検討したうえで，「社会＝空間」という見方から大人像に迫る新しいアプローチについて考える。

1　「大人になる」ことの変容

　はじめに断っておきたいことは，本章はもっぱら社会学的な視点に立っていることである。当然，大人になることには身体的・精神的な発達の問題も含ま

れるが，それらについては心理学や発達論のテキストを参照してほしい。それらの議論と重なる部分もあるだろうが，本章が扱うのは大人になることの社会的な側面であり，その現代的な問題である。

では，現代社会で大人になるとは，いかなる過程のことを言うのだろうか。

（1）職業移行，親からの自立，家族形成

　戦後日本における大人になる過程と意味を決定づけたのは，なにより国家による統制のもと制度として確立されてきた学卒者の職業移行システムである。とくに戦前戦後の職業安定行政は，広域な労働市場でのジョブマッチングを可能にし，職業移行のシステムを全国的に，制度的に標準化した（菅山 2011）。そのシステムとは，地方中卒者による大都市への「集団就職」や，その後の技術発展に伴う高卒技能者の「新規学卒者一括採用」であった。このシステムのもとで職業へと間断なく移行することは，学卒者にとって大人になるための極めて規範的な移行ルートだった。若者は「競争主義的な性格の強い学校へと吸収され，在学中はもっぱら家族と学校の保護と管理のもとにおかれるとともに，卒業と同時にその生活のほとんどが企業社会に包摂される」（乾 2010：44）ライフコースを，自明かつ理想とした。

　「戦後日本型青年期」（乾 2010）と呼ばれるこの青年期モデルは，仕事以外の側面でも大人になる過程やその諸条件を規定した。たとえば，多くの人々が豊かな家庭生活をもたらすのは学歴取得や就職，出世競争での成功だと考えるようになったため，若者を対象とした公的サービスや福祉制度の充実は政治的アジェンダとならなかった（濱口 2009）。そのような心性はたしかに当時の好況経済と潤沢な雇用機会に裏づけられていた。若者は，親元を離れると企業の福祉システムに包摂され，安定的に上昇する賃金や扶養手当，家賃補助，手厚い年金制度や保険制度に守られることこそが，理想的なライフコースだと考えていた。そうして企業福祉の恩恵にあずかることで，結婚や出産，子育てといったライフイベントを乗り切り，自然と親となり大人になると考えられた。

　ところで，スムーズな職業移行による経済的自立が大人になるうえでどれほど重要なのかは男女で異なっていた。賃金を稼ぎ家族を養うのはたいてい男性

サラリーマンの役割とされ，職場で周辺化された女性は家庭責任を負う「専業主婦」となったからである（多賀編 2011）。このような性別役割分業は，母親の「教育ママ」化と「教育する家族」の拡大（広田 1999）を導いた。戦後日本の家族形成には，近代的なジェンダー規範がともなっていたのである。

（2）「大人になる」ことの周縁

　職業移行や家族形成といった社会生活のフォーマルな側面に加えて，子どもや若者の友人関係や遊び，逸脱行動などのインフォーマルな側面も，かれらが大人になるうえで重要な経験である（ファーロング＆カートメル 2009）。工業期のイギリス労働者階級の不良少年にとって，大人になるとは，勤勉さや従順さを強いる学校や教師に仲間とともに反抗し，男性肉体労働者の荒々しさや，白人主義，男尊女卑を特徴とする階級文化に馴染んでゆくことを意味していた（ウィリス 1996）。また，慢性的に失業状態にある親のもとでは，窃盗や恐喝などで得られた不正利益により世帯に貢献することを一人前になることだと考える少年もいる（Nayak 2003）。

　犯罪や非行を経験した少年少女が大人になる過程を扱った国内の研究は少ないが，1970～80年代の不良文化を象徴する「暴走族」の少年を調査した佐藤（1984）が重要な指摘を行っている。暴走族の少年はいつまでも逸脱行為を続けるのではなく，一定の年齢を迎えると暴走族を「卒業」し「オチツ」いて，職業世界へ馴染んでいったというのである。この背景要因のひとつには，当時の良好な日本経済と豊富な労働市場が挙げられていた。

　また，西田（2010）は逸脱や非行を経験しがちな貧困層の若者が大人になっていくプロセスを「自然な移り行き」と呼び，教育達成や職業達成を軸とした競争的・標準的な移行モデルから区別している。それは，経済面や家族面で困難やリスクを抱え非行や逸脱を経験しながらも，小さな販売店や土木仕事といった，低学歴でさまざまな事情がある者も参入可能な「受け皿としての第2部労働市場」で働くうちに，身近な大人へと自然に移行するプロセスである。

　これらの研究によれば，先に概観した標準的ルートからみれば逸脱的で周縁的な世界においても，若者は独自のルートや方法で大人になるプロセスを辿っ

た。独自とはいえ，そこには社会生活の様式としてのサブカルチャー[1]をともにする一定の社会集団と，そこにおける規範やルールが存在し，大人になる過程と意味を秩序づけていたのである。

（3）「大人になる」ことの揺らぎと個人化

　しかし，1990～2000年代を通じた日本の雇用環境の変容は，学卒者や若者のスムーズな職業移行を支えていた就職というシステムを直撃し，若者が大人になるルートの最大の基盤を動揺させた。日本では若者向けの公的な社会保障制度が整備されてこなかったから，若者はスムーズな職業移行ルートから離脱するやいなや，経済的自立を延期して家族への依存を延長しなければならなくなった。そうして，学校卒業と同時に企業社会に参入し，経済的に自立してから家族を形成するという標準ルートを歩めない若者の存在が喧伝された。安定的な職業移行のルートから外れる若者が増え，親からの自立や家族形成の基盤が脆弱化した結果，大人になるルートは崩壊してしまったとみなされた。また，建設業や街角の商店など，貧困層を包摂してきた第2部労働市場が縮小・解体しつつある現在，非標準的なルートを歩む者にとって「自然な移り行き」も実現困難なルートになっている（西田 2010）。格差の拡大や「子ども・若者の貧困」などは，この延長線上で社会問題化してきた側面がある。

　こうした変化は多くの先進諸国で観察されており，影響力のある社会理論家はその根底に近代社会の変容があると述べている。ギデンズを参照しながら三上（2010）が指摘するように，近代の終焉ないし成熟（ポスト近代ないし後期近代）といった社会変容は，個人と社会をつなぐ役割を果たした近代的な中間集団（企業や組合や国民国家）の意義を失効させつつある。いまや個人は，安定雇用を提供する企業や国家による統制と保護から放出され，人生上のリスクと責任を一手に引き受けなければならない「個人化」した社会を生きている（ベック 1998）。離家の後に安定を提供する企業や制度が約束されない現代社会には，信頼しうる行動指針や自明なライフコースは存在しない。それゆえ，大人になることは，それをなんとか達成しようとする個人の努力と自己責任に依存するようになった。

現在，大人になるルートは極めて不安定で，自立モデルも消失してしまったようである。「従来のような自明さをもった『大人』というものは，もう存在しない。『大人』とは，一人ひとりが独自に創り出すものになりつつあるのかもしれない」(久木元 2009：223)。

2　個人化論から社会＝空間論へ

(1) 個人化論が不可視化するもの

　しかし，このような見方は本当に妥当だろうか。むしろ，大人像の不在や移行の個人化を強調する言説が，不安定であれ緩やかに共有された大人像を不可視化している側面はないだろうか。つまり，大人への移行ルートが個人化したとの認識の前提には，近代社会における標準的な大人像が強く想定されているきらいがある。

　個人への注目が高まるにつれ，「バイオグラフィ (biography)」など人生物語の個別性に焦点が当てられるようになっている (久木元 2009)。このこと自体は重要なのであるが，それは認識上の戦略に過ぎず[2]，人々の現実と混同しないようにする必要がある[3]。多くの人々にとって，大人はいまなお身近な存在であり，むしろ既存の大人像と無関係に社会生活を送ることのほうが難しいだろう。ここでいう既存の大人像とは，佐藤 (1984) や西田 (2010) が示唆しているように，標準化され規範となっているものに限られない。この認識は，大人になることをめぐる個人化論が標準的で規範的な移行ルートを前提としていること，しかしこれまでにも多様な大人が存在していたこと，そして現在も多様な大人が経験されたり産出されたりしている可能性を強調する。

　不安定な仕事を続けざるをえない若者の姿を描いた中西・高山編 (2009) は，厳しい社会的条件のもとで，どうにか集合的な人間関係を構築し「共有された文化」を形成する基盤を「社会空間」と呼ぶ。それは学校やアルバイト，趣味などを媒介した人間関係であり，若者の不安定な生活をかろうじて支える，集合的に紡ぎ出され緩やかに共有されるサブカルチャーの基盤である。標準ルートを外れ，規範的なライフコースを歩むことが困難ななかで「食っていく」

「生きて行く」ことを当座の目標とする生きざまは，かれら固有の社会空間に埋め込まれた大人のかたちだという。このように，中西・高山編（2009）が大人になる標準ルートと規範を相対化し，集合的に経験されるオルタナティブな大人像を示した点は重要である。また，社会空間という概念を用いることで，集合的に共有される社会的諸条件の一定の広がりを示した点も，かれら固有の大人像の成立基盤にアプローチする手掛かりとなっている。

（2）社会＝空間におけるローカリティ

しかし，中西・高山編（2009）のいう社会空間は，「コミュニティ」や「仲間集団」など既存の社会学的概念との違いが曖昧である。加えて若者たちが大人になっていく「事例をできる限りその地域性においてとらえている」（高山 2009：383）というが，「地域性」に関連する記述は薄弱かつ不明確であり，社会的なるものに対して地理的，空間的なるものの重要性が軽視されている点にも課題がある。

これに対して本章では，従来区別されてきた社会的なるものと空間的なるもの，社会的なプロセスと空間的なプロセスを，互いに独立していない未分化な状態とみなす「社会＝空間」という認識を打ち立てたい。ここでは，人々の日常的な営みを社会構造にも地理的要因にも還元せずに，相互の関連のなかで経験されるリアリティとして把握することが目指されている。

筆者は，建設業や製造業が基幹産業として多くの地元高卒層を受け入れてきたある田舎町で，若者と仕事に関する調査を行ってきた。この町の建設業は2000年代を通じて不況に陥り，若年男性の就職環境を悪化させた。しかし，田舎ゆえにコンビニのアルバイトなどの働き方が浸透しておらず，それに従事する男友達もわずかななかで，調査協力者の若い男性たちは相変わらず建設現場や工場に仕事を求め，実際に働いて，不安定ながら彼ら固有のキャリアを歩んでいた（尾川 2011）。加えて，彼らは友人の離職経験や「地元」の大人たちの転職エピソードを参照し，「地元」におけるキャリア形成と大人像との関連を見出していた（尾川 2012）。彼らが職業を通じて「地元」で大人になってゆく過程には，物質的にも精神的にも，地域の産業構造や就職機会といったローカ

ルな社会状況が決定的に影響しているようだった。

　イギリスの地方都市で貧困地域を調査したある研究は，大人になることに迫る今日的な視点のひとつに「ローカリティ（locality）」を挙げている（MacDonald et al. 2001）。多義的に用いられるこの概念を，ここでは"一定の地理空間における経済的，社会的，文化的諸構造に関連する社会生活の様式"としておこう。同論文は，失業や犯罪と隣り合わせの生活様式を，貧困地域というコンテクストにおいて大人になる経験を意味づけるローカリティとして理解している。個々人のバイオグラフィの多様性に注意を払う必要はあるが，上記諸構造と地理空間との関連からなる社会＝空間は，若者たちが共有する特定の経験や感覚，すなわちローカリティの，コンテクスト[4]なのである。前述の筆者による調査の結果もローカリティの視点から解釈することが可能であろう。

（3）近代的大人像を相対化する

　ローカリティに着目する必要性は，近代の終焉や成熟，すなわち今日喧伝されている社会変容に伴うものではない。むしろ，近代という認識が見逃してきた大人の実態や言説に光を当てるために，必要なのである。このことを示す事例として，若年女性のライフコースを検討したある地域史を参照しておきたい。

　佐藤（2010）は，女性労働を伝統としてきたある地方での調査から，戦後から高度経済成長期においてさえ，全体社会の規範であった近代家族的な「専業主婦」になる女性が多くなかったことを明らかにしている。この地域の女性が結婚や出産の後に働きに出ることは，農作業に参画していた前近代的生活様式によって，あるいは現地の手袋産業が高度成長期に多くの女性労働力を必要としたことによって，自明視されてきた。彼女たちがこの地域で大人になる場合，全体社会で規範的だったルートは歩まれなかったのである。

　ただし，彼女たちは「子どもが小さいうちは，母親は子育てに専念すべきである」との子育て意識もある程度持ち合わせており，近代家族的な規範とまったく無縁というわけではなかった。職業キャリアと子育て意識の矛盾は，マクロなジェンダー構造やジェンダー規範と，地域の産業や女性労働の歴史の組み合わせのうえで彼女たちに経験された，大人の女性像の特質なのである。

この事例から明らかなように，近代社会が進展したり変容したりする過程において，大人になることの意味は，日本国内においてさえ一様だったわけではない。その多様性や差異に注目して，大人になる上で経験されるローカリティとそのコンテクストとしての社会＝空間を明らかにする視点は，近代的な移行モデルや大人像がはらむ歪みを修正してくれるだろう。

3 「大人になる」ことと社会＝空間の相互関連

　先述したように，大人になる過程と意味は個人が一人で見つけ出すのではない。大人になってゆく様式としてのローカリティは，一定の地理的・社会的な空間を共有する社会集団と，それを支える経済的，社会的，文化的な構造や歴史をともなっているはずである。これらの関連を把握する方法として，英語圏人文地理学の研究を参照したい。

　歴史は長くないが，人文地理学でも子ども研究や若者研究が行われてきた。この領域の特徴は，子どもや若者だけでなく都市をも社会的構築物とみなし，それらの構築過程と，都市空間の物質的な作用や構造との関連に着目することで，子どもや若者による都市生活と都市の生産過程の双方を明らかにする点にある（Hörschelman & van Blerk 2012：3）。

　子どもや若者の社会生活と地理空間の関連を問うこの視点は，大人になることをめぐっていかなる認識と記述の可能性をひらくだろうか。イギリスの地方都市で行われた，〈リアル・ジョーディ（Real Geordies）〉という少年グループの研究（Nayak 2003）が示唆的な議論を展開している。

　ジョーディとは調査地域の人々に対する呼称で，その語源には地元民を示すとか炭坑労働者の呼称であるとかの諸説があるが，総じて地域的な職業文化——屈強な肉体労働者の階級文化——を映した言葉とされている。調査の舞台となったこの街には，炭坑業や造船，重化学工業で繁栄してきた歴史があり，実際に少年たちの祖父や父親は，みな肉体労働者であった。街の光景は，物質的にも文化的にも労働者階級の「男らしさ（masculinity）」で満たされていた。

　しかし，1970年代に本格化したイギリスの脱工業化は，この国の肉体労働を

衰退させて労働者階級の基盤を動揺させた。社会変容の大きな波はこの街にも押し寄せ，炭坑や工場，造船所は相次いで閉鎖し，肉体労働の仕事も大部分が姿を消してしまった。その結果，現代の少年たちは，スーパーマーケットや飲食店での非正規労働を余儀なくされた。

変化したのは仕事だけではない。工業期の男たちが通った工場や工場近くのパブは，脱工業化に伴う都市の再開発によってオシャレなカフェ・バーやナイトクラブに変貌し，現在の少年たちはそこで遊ぶようになった。それゆえ彼らのファッションにも変化が表れた。こうした変化は，街の物質的な光景と，地域のジョーディ・アイデンティティに大きな影響を及ぼした。脱工業化の結果，ジョーディは「生産」の象徴である工場ではなく，それらを改修してつくられた「消費」のアリーナと結びついたのである。もはやリアル・ジョーディは，職業的な意味では決して「本物（real）」ではなくなった。

肉体労働を相続できなかった少年たちは，しかしながら，父親と同じような飲酒文化を相続した。非正規労働で稼いだなけなしの金銭を，ナイトクラブやカフェ・バーの酒につぎ込み，浴びるように飲み，仲間と喧嘩やセックスの自慢話で盛り上る。また，地元のフットボールチームの応援にも極めて熱狂的である。これら一連の生活様式としてのサブカルチャーは，労働者階級の伝統であり「男らしさ」でもある享楽主義を身体的に実践するもので，炭坑や工場を失ってもなお工業期の男性労働者文化の「地景（landscape）」を再現するものである。脱工業化に伴う街の光景の変化のなかで「本当の仕事」に就けなくなった少年たちは，しかしいまなお家族や同質な仲間集団に共有される，かつての階級文化を生きている。肉体労働は相続できなかったが，消費行動のなかに労働者階級の象徴やモチーフを組み込んで，リアル・ジョーディとして，労働者の街の光景を想像的につくりなおしていたのである。

イギリスでは，脱工業化によって労働者階級は解体したとの見方がある。しかし「少年たちは最後のリアル・ジョーディではなさそうだ」（Nayak 2003：73）と結ぶこの研究は，調査地の労働者階級が容易に消滅しないことを示唆している。この結論は，地域産業の物質性と歴史に規定されたローカリティと，少年たちのサブカルチュラルなアイデンティティに対する洞察から導かれた。

ここでわれわれは，人々の経験を説明する階級やジェンダーといったマクロな社会学的概念が，特定の都市空間の構造や歴史のなかで「崩壊」「解体」とは異なるレトリックで記述される可能性を理解する。加えて，都市空間さえもが，若者のサブカルチャーやアイデンティティに応じて想像的に構築されることを理解するのである。

喧伝されるマクロな社会変容は，各地で一斉に，一様にすべてを変えるわけではない。それは，人々の社会生活が埋め込まれた社会＝空間のなかでさまざまな大人の定義を生み出し，人々に経験されている。ゆえに，若者の具体的な経験と結びついた社会＝空間に着目することは，大人になることの多様なローカリティとそのコンテクストを把握する有用な方法だと言えるだろう。

4 社会＝空間的アプローチからみる「大人になる」こと

本章では，戦後日本において標準とみなされてきた大人になる過程と意味を整理し，近代的な大人像や規範的な移行ルートを相対化することで，大人になることに対するオルタナティブなアプローチを獲得した。それは，従来から関心を寄せられてきた大人になることの社会的側面を空間的な側面からも把握し記述する，社会＝空間的なアプローチである。教育や家族，犯罪や福祉をめぐる社会学的研究と，若者をめぐる地理学的研究に示唆を得て明らかになったことは，次のようなことであった。すなわち，近代の社会構造や制度は大人になる過程と意味を完全に標準化したわけではなく，近代社会の変容もまた，多様なコンテクストでさまざまな大人をローカルに生み出している。ここにわれわれは，社会変容にともなって問題化されてきた大人になるということを，社会＝空間的な観点から問い直す必要性を見出すのである。

もちろん，本章で触れたような特定のコンテクストで経験された大人は，従来の見方からすれば，あるいは標準的で規範的な大人像に比べると，不安定で脆弱に思われる。しかし，標準や規範に回収できない具体的な大人像に迫ろうとする本章の立場からすれば，不安定さや脆弱性を日常とするコンテクストにおいてなお大人を存在可能にするローカリティを描き出すことが重要である。

そうすることで，大人になることのリアリティは，階級・階層やジェンダーといったマクロな社会学的側面だけでなく，都市空間のあり様や地域的なサブカルチャーなどの側面からも接近可能になるからである。

社会＝空間的アプローチは，近代社会がつくりあげた標準的で規範的な大人像を相対化し，子どもや大人，大人になることに関する多様な実態や言説に迫る足掛かりとなるだろう。ドラスティックな社会変容が叫ばれるいま，従来型の標準や規範の揺らぎをいたずらに強調すべきではない。その前に，社会学のみならず多様な学問間の対話を通じて，近代的な見方が何を取り上げ何を見逃してきたのかを冷静に再考することが肝要である。本章のアプローチは，この作業の一助となりうるだろう。

注
1) しかしながら，日本の子ども研究や若者研究はサブカルチャーという概念を子ども文化や若者文化に矮小化することが多く，社会生活の様式として扱う視点は弱かった。
2) 従来から焦点化されてきた社会構造の影響力は健在であるという見方は，依然として多くの実証研究に支持されている（Cieslik & Simpson 2013）。
3) 他方，一人ひとりが資源を獲得して「大人になる」ルートを独自に開拓しなければならないということが，主にミドルクラス以上にとっての新しい規範となっている可能性は，多賀編（2011）などから十分に推測される。
4) ローカリティとコンテクストの関係については，アパデュライ（2004）を参照されたい。彼の議論を採用した日本の経験的研究として，尾川（2018）の試みがある。

参考文献
アパデュライ，A., 門田健一訳（2004）『さまよえる近代』平凡社.
アリエス，Ph., 杉山光信・杉山恵美子訳（1980）『〈子供〉の誕生――アンシャン・レジーム期の子供と家族生活』みすず書房.
乾彰夫（2010）『〈学校から仕事へ〉の変容と若者たち』青木書店.
ウィリス，P., 熊沢誠・山田潤訳（1996）『ハマータウンの野郎ども』ちくま学芸文庫.
尾川満宏（2011）「地方の若者による労働世界の再構築」『教育社会学研究』88: 251-271.

尾川満宏（2012）「『地元』労働市場における若者たちの『大人への移行』」『広島大学大学院教育学研究科紀要』61：57-66.

尾川満宏（2018）「若者の移行経験にみるローカリティ」『教育社会学研究』102：57-77.

久木元真吾（2009）「若者の大人への移行と『働く』ということ」小杉礼子編『若者の働きかた』ミネルヴァ書房：202-227.

佐藤郁哉（1984）『暴走族のエスノグラフィ――モードの叛乱と文化の呪縛』新曜社.

佐藤友光子（2010）「地域のなかの親と子」岩上真珠編『〈若者と親〉の社会学』青弓社：138-167.

菅山真次（2011）『「就社」社会の誕生』名古屋大学出版会.

多賀太編（2011）『揺らぐサラリーマン生活』ミネルヴァ書房.

高山智樹（2009）「『ノンエリート青年』という視角とその射程」中西新太郎・高山智樹編『ノンエリート青年の社会空間』大月書店：345-401.

中西新太郎・高山智樹編（2009）『ノンエリート青年の社会空間』大月書店.

西田芳正（2010）「貧困・生活不安定層における子どもから大人への移行過程とその変容」『犯罪社会学研究』35：38-53.

濱口桂一郎（2009）『新しい労働社会』岩波書店.

広田照幸（1999）『日本人のしつけは衰退したか』講談社.

ファーロング，A.・カートメル，F., 乾彰夫・西村貴之・平塚眞樹・丸井妙子訳（2009）『若者と社会変容』大月書店.

ベック，U., 東廉・伊藤美登里訳（1998）『危険社会――新しい近代への道』法政大学出版局.

三上剛史（2010）『社会の思考』学文社.

Cieslik, M. & D. Simpson (2013) *Key Concepts in Youth Studies,* Sage.

Hörschelman, K. & L. van Blerk (2012) *Children, Youth and the City,* Routledge.

MacDonald, R. et al. (2001) "Snakes and Ladders", *Sociological Research Online,* 5(4)（http://www.socresonline.org.uk/5/4/macdonald.html，2013/10/01ダウンロード）.

Nayak, A. (2003) *Race, Place and Globalization,* BERG.

（尾川満宏）

第4章

子どもの貧困と教育機会

　現在，日本の子どもの6人に1人は貧困状態にあると言われている。この貧困に対して，教育は何ができるのか。教育機会の拡大によって不平等が是正されると考えられた時代もあった。しかし，実際に教育機会が拡大するとともにそうした幻想は打ち砕かれ，学校は不平等を再生産する機能すらもつと指摘されるようになった。

　本章では，子どもの貧困と教育機会との関係を確認した後，児童養護施設入所経験者の大学進学について考える。児童養護施設とは，さまざまな事情で保護者と生活を共にできない子どもが生活をする場であり，彼らの入所の背景には貧困の問題があるとされている。貧困を脱するために高学歴達成は有効な手段となりうるが，彼らにとってそれは簡単なことではない。彼らの大学生活にはどのような困難が待ち構えているのだろうか。子どもの貧困と教育機会の問題を，児童養護施設入所経験者の大学進学を事例に考えてみたい。

1　日本における子どもの貧困

（1）貧困の考え方

　日本の子どもの15.7％，6人に1人は貧困状態にあると言われている（厚生労働省 2010）。6人に1人となると，40名弱の小学校の1クラスに6人の貧困状態の子どもがいるという計算になるが，あなたはこれを聞いてどのような状態を貧困だと考えるだろうか。

　食べる物がない，身につける衣服がない，住む場所がない。そうした最低限の生活を営むことが難しい状態を貧困と考える人は多いだろう。人として生きるために必要な物は，社会や時代によって異なるわけではない。その共通した必要な物を欠いている状態が貧困である。ひとつには貧困をこのように捉える

立場がある。

　しかし，人として生きるために必要な物は，社会や時代によって異なっているという考え方もある。たとえば，一年を通して暑い熱帯の子どもにコートがないことと，亜寒帯に住む子どもにコートがないことは同じ意味をもっているのだろうか。高等教育進学率が１割程度の時代に大学に進学することと，私たちが大学に進学することは同じ価値をもっているのだろうか。このように考えると，貧困の概念は，社会や時代によって異なっているように思える。そうすると，ある社会や時代において，恥ずかしくない，みじめな思いをしない，「普通」の生活を営むうえで必要な物事に欠いていることが貧困となる。

　前者が絶対的貧困，後者が相対的貧困といわれる考え方である。現在，日本で貧困か否かを判断する際に多く用いられているのは，後者の相対的貧困の考え方である。相対的貧困とは，「その社会の構成員として『あたりまえの生活』をいとなむのに必要な水準を欠くこと」（松本 2008：34）と定義することができる。これを測定する方法として，所得分布の中央値の50％を貧困線として用いる方法がある。つまり，収入から税金や社会保険料を引いた手取りの世帯所得を世帯人数で調整し，中央値（上から数えても下から数えても真ん中）の50％より収入が低い世帯を相対的貧困状態にあるとする（阿部 2012：44）。2009年の貧困線は112万円（実質値）となっている（厚生労働省 2010）。

（２）日本の子どもの貧困の現状

　さて，話を日本の子どもの貧困率に戻そう。厚生労働省の調査では日本の子どもの貧困率は15.7％とされている。この値は多いのか，少ないのか，どのように捉えればよいのだろうか。次に，経年比較，他国との比較から現在の日本の子どもの貧困率について考えてみたい。

① 増加傾向にある日本の子どもの貧困率

　先の厚生労働省の調査によれば，日本の子どもの貧困率は，1980年代から2000年代にかけて，約10％から約15％へ上昇した。1985年に10.9％だった子どもの貧困率は1991年には12.8％，2000年には14.5％に上昇し，2009年には

15.7％にまで達している。途中の1994年，2003年には若干，前回調査時よりも値が減少しているものの，1980年代から2000年代にかけて子どもの貧困率は概して増加傾向にあるといえる。

　では，なぜ子どもの貧困率が増加傾向にあるのか。大きく3つの要因が関係していると指摘されている（阿部 2009：20）。一つ目は，日本全体の経済状況の悪化である。1980年代から2000年代にかけての子どもの貧困率の上昇は，バブル崩壊後の親の所得の悪化をそのまま反映しているものと考えられる。また，比較的影響は小さいものの，二つ目として家族構成の変化も考えられる。ひとり親世帯の増加や三世代世帯の減少は，所得を世帯で共有して家族の貧困を防ぐ機能を低下させる。欧米諸国においては，ひとり親世帯の増加が子どもの貧困率の上昇の大きな要因だといわれている。日本のひとり親世帯の数は欧米諸国と比較すると少なく，子どもの貧困率に与える影響は相対的に小さいが，それでも要因のひとつとして考えられよう。さらに，三つ目として社会保障制度の防衛機能の低下も考えられる。これまで母子世帯の生活を支えていた児童扶養手当が削減されたことや生活保護制度の改革は，子どもをもつ貧困世帯の生活をゆるがすものとなっている。

② 国際的にみた日本の子どもの貧困率

　日本の子どもの貧困率は，この30年で増加傾向にある。また，その値は，OECD（経済協力開発機構）加盟国と比較しても決して低いわけではない。ユニセフ・イノチェンティ研究所が2012年に発行した『Report Card 10──先進国の子どもの貧困』から，日本の子どもの貧困率を確認すると，日本の子どもの貧困率は14.9％[1]で，先進35カ国中9番目に高いことがわかる。最も高いのは，ルーマニアの25.5％で，次いでアメリカの23.1％となっている。一方，最も値が低いのがアイスランドの4.7％で，その後をフィンランド（5.3％）などの北欧諸国が続いている。

　GDP（国内総生産）世界一位を誇るアメリカの子どもの貧困率が高くて，北欧諸国の値が低い。松本（2008）は，OECDが示した子どもの貧困の国際比較[2]について「アメリカやイギリスなど市場経済を重視する国々と北欧諸国の

ように社会保障による所得再分配機能を重視する国々では，前者が高い水準にある」と指摘したが，同様のことがこのユニセフの調査からもわかる。イギリスについては，90年代の後半にブレア首相が就任してから，子どもの貧困撲滅に向かっての政策が行われてきたこともあり，ここ数年子どもの貧困率の値を下げている。一方，アメリカは依然として高い値を保ったままである。他方で，北欧諸国は子どもの貧困率10％未満を維持している。今後，日本が子どもの貧困に対してどのような政策をとり，子どもの貧困率をどう変化させるのか注目される。

（3）貧困の何が問題か

　日本の子どもの15.7％は相対的貧困状態にあり，その値は国際的にみても決して低いとはいえない。しかし，それはどのような問題を含んでいるというのだろうか。貧しくても温かい家庭は存在するし，貧しさをバネに立身出世することだって考えられる。

　阿部（2012）は，それは確率の問題だという。貧しくても温かい家庭や，貧しい家庭から社会的に成功する人も現れるが，その確率は貧困でない家庭に比べれば低いものとなってしまう。家庭環境，虐待，健康などさまざまな側面において，貧困家庭に育つ子どもが不利な状況にあることがこれまでの研究から指摘されている。たとえば，一年以内にキャンプや旅行に行った割合や子どものことを相談する相手が家族にいる割合は，年収が高くなるほど上がる（松本 2007）。また，川松（2008）は，児童虐待として関わった家庭の40％前後が経済的に困難な状態にあると指摘する[3]。さらに子どもの健康についても貧困層とそうでない層との間で差があることが明らかになっている（阿部 2013）。このように，貧困家庭に生まれ，育つことで，その子どもがリスクを背負う確率が高まる。そして，そのリスクがまた新たなリスクを引き寄せることになる。

　岩田（2007）は，貧困がやっかいなのは，それが貧困だけで終わらないことにあるという。お金がないという経済的剥奪の状態をスタートとして考えてみよう。お金がないから，労働時間を延長する。しかし，働きづくの生活を親が続ければ，子どもとの遊びの時間がもてないのはもちろんのこと，いざという

ときに頼ることのできる友人や親族との関係も構築できないようになる。諸活動への参加も制限され，社会的に孤立する状態へとつながる。また，そうした状態でストレスを抱え，生活の意欲を失ったり，精神的な疾患がもたらされたりもする。このように，貧困をスタートとしてさまざまな要因が相互に複雑に絡み合い，人が生きる上での可能性が制限される。

2 貧困と教育との関係

（1）社会階層移動の手段としての教育

こうした貧困状態を抜け出すために，これまで教育は大きな期待を寄せられてきた。学校へ行き，高い学歴を手に入れることができれば，親よりよい暮らしができる。教育は社会階層[4]の世代間移動を媒介する手段としてみなされていた。

前近代の多くの社会では，身分制度があり，原則として世代間移動は禁止されていた。武士の子が農民になることも，農民の子が武士になることもない。出身階級や身分などの出自によってその人の人生が決まる属性原理が採用されていた。しかし，近代に入ると，身分制度はなくなり，代わりにその人が身につけた知識や技能によって人生が左右される業績原理が取り入れられるようになった。

業績原理が取り入れられれば，能力のある人が競争に勝ち，多様な選択の機会を得ることになる。ただし，その能力を測定することは容易ではない。何を能力とみなし，どのようにして能力を客観的に測定するのか。多くの近代社会では，より高い学校段階まで通った者やよりよい学業成績を修めたものを能力があるとみなし優遇してきた。つまり，学歴をその人の能力とみなし，社会的地位を配分してきたのである。

（2）学力と階層

学校に行き，学歴を得ることができればよい暮らしができる。万人に開かれた教育機会が階層間格差の是正につながる。こうした幻想のもと，日本におい

ても教育機会の拡大は進んだ。確かに，高校進学率は1950年代初めの4割から，1975年の9割へと変化した。大学，短期大学，専門学校への高等教育機関進学率は，1950年代の1割から，現在の7割以上へと増加した。ただし，それらの教育機会拡大が格差の是正につながったかと言われれば，必ずしもそうではない。

中卒の親が子どもを高卒にするときには，高卒の親は子どもを大卒にする。教育拡大が格差を縮めることができるのは，進学率の上昇スピードが上流階級より下層階級の方が早いときだけであり，逆に上流階級ほど早いと格差が拡大することもある（中澤 2012）。また，教育機会は上流階級が先行しているため，まずはそれが飽和状態にならないと格差の縮小にはつながらない[5]。単に教育機会が拡大すれば不平等がなくなるという話ではないことを，私たちは教育機会の拡大と共に認めざるをえなかった。

他方，学歴を得るために必要な学力についても，そもそも親の階層によって格差があることが示されている。OECDは2000年から3年ごとに，読解力，数学的リテラシー，科学的リテラシーという三分野で満15歳を対象とした国際学力テストPISA（Programme for International Student Assessment 生徒の到達度の国際的調査）を行っている。このテストでは，あわせて生徒の経済的・社会的・文化的な階層を問う質問紙調査が実施されており，階層と学力との関係を検討できるようになっている。このPISA調査の2003年と2006年の結果を分析し，阿部（2012）は，読解力も数学も科学も，父母の学歴が高いほど高くなっており，その格差は拡大傾向にあると指摘した。また，同調査を分析した久冨（2009）は，日本は格差が少ない国とは言えず，「各国平均並みかあるいは平均以上に，学力の社会階層格差が確認される国の1つである」（久富 2009：61）と述べている。学歴を得ることができれば，上昇移動ができるかもしれない。しかし，その学歴を獲得するために必要な学力についても親の学歴によって差が生じていることが明らかになっている。

（3）文化的再生産論

学校は社会の平等化を推し進めない。それどころか，むしろ現存する社会階

級の不平等を再生産している。このように主張したのが文化的再生産論と呼ばれる理論である。支配階級出身の子どもと被支配階級出身の子どもとを比べた場合，前者が有利になるように学校は選抜を行う。その結果として，社会階級が再生産されるというものだ。

代表的な論者として，フランスの社会学者ブルデュー（Bourdieu, P.），イギリスの社会学者バーンスティン（Bernstein, B.），ウィリス（Willis, P.），アメリカの経済学者ボウルズとギンタス（Bowles, S. & Gintis, H.）を挙げることができる。ブルデューは，文化資本が多く学校文化に親和的な支配階級出身の子どもは学校での選抜で有利であると指摘した。文化資本とは，「広い意味での文化に関わる有形・無形の所有物の総体」（ブルデュー 1990：v）であり，①身体化された文化資本（家庭環境や学校教育を通して各個人のうちに蓄積されたもろもろの知識・教養・技能・趣味・感性など），②客体化された文化資本（書物・絵画・道具・機会のように，物資として所有可能な文化的財物），③制度化された文化資本（学校制度やさまざまな試験によって賦与された学歴・資格など）の3つに分けることができる。この3つの文化資本は，普段の生活を通して被支配階級出身の子どもよりも支配階級出身の子どもに多く蓄積されており，それが選抜の過程で有利に働く。もともと学校は支配階級に有利にできており，そこでの選抜を通して階級間の対立が再生産されるという。

また，バーンスティンは，労働者階級に特有の言語コードと中産階級に特徴的な言語コードがあること，そして学校では中産階級の言語コードで知識が伝えられ，評価されるため，学業達成において中産階級が有利であると指摘した。さらに，ウィリスは，文化的再生産論の枠組みを用いながら学校のエスノグラフィーを行い，労働者階級の子どもたちが学校文化になじめず，教師に反抗しながら，最終的に親と同じ労働者階級の道を選び取る過程を描いた。他方，ボウルズとギンタスは，社会の階級構造自体が学校を通して再生産されると考えた。労働者階級やマイノリティの子どもが通う学校では，規則や成績などによる外面的な管理を通じて生徒に従順さを身につけさせる。支配階級の子どもが通う四年制エリート大学では，管理を緩くして学生の自主性を重視することで，リーダーシップや創造性を発揮するように促すと指摘されている。

このように学校を通して，既存の社会階級が維持されるという理論が，文化的再生産論である。この理論は欧米で生まれたこともあり，日本の状況をすべて説明できるわけではない。既存の再生産論を検証し，日本の現実に即した再生産メカニズムを解明する努力が求められている（西田 2012a）。

3　児童養護施設入所経験者の大学進学

学校は現存する社会階級の不平等を再生産する。その一方で，貧困の再生産を断ち切る手段となりうることもまた事実である。最後に，児童養護施設で育った子どもたちの大学進学の実態を事例に，子どもの貧困と教育機会との関係について考えてみたい。

（1）児童養護施設とは

児童養護施設とは，児童福祉法第41条に基づき設置されている児童福祉施設である。「保護者のない児童，虐待されている児童その他環境上養護を要する児童を入所させて，これを養護し，あわせて退所した者に対する相談その他の自立のための援助を行うことを目的とする施設」（児童福祉法第41条）と定められている。2013（平成25）年現在，全国595カ所の児童養護施設で2万8,831人の子どもたちが生活している（厚生労働省 2014）。

児童養護施設はもともと孤児院と呼ばれていた施設である。しかし，今や親の死亡による入所は激減し，代わりに親の精神疾患や虐待を理由に入所する子どもが増えている。現在，児童養護施設で生活する子どもの養護問題発生理由は，父母の死亡2.4％に対し，父母の精神疾患等は10.7％，一般に「虐待」とされる父母による「放任・怠だ」「虐待・酷使」「棄児」「養育拒否」は合計すると33.1％となっている（厚生労働省雇用均等・児童家庭局 2009）。また，障がいや家庭内暴力といった子どもの問題による養育困難や父母の拘禁等も子どもたちの入所理由として一定数を占めており，彼らの特徴を一概に論じることはできない。しかしながら，彼らの入所の背景として，家庭の貧困の問題があることは疑いようがないといわれている（松本 2007，堀場 2008，山田 2008）。

（2）児童養護施設の子どもたちの教育機会

　貧困を背景に児童養護施設への入所を余儀なくされた子どもたちが数多く存在する。そうであるならば，施設での生活を通して，社会的に排除された状態から脱し，自立した大人として生活できるようになってほしい。また，そのために必要な社会的スキルや学歴，資格を子どもであることが許される期間に身につけてほしい。しかし，学校教育費，特に高等教育費の私費負担の大きい家族依存型の日本の教育システムにおいては，「経済的・社会的に不利を負わされた子ども・若者ほど「家族依存型」教育システムから早期に「排除」され，「自立」を強制される」（青木 2008：215）。これはもちろん児童養護施設で過ごす子どもたちにもいえることであり，義務教育以降の段階の教育を受けることは，彼らにとって大きな壁となって立ちふさがっていた。

　1961年の児童養護施設入所者の全日制高校への進学率は5.8%であった（グッドマン 2007）。当時，一般家庭児童の59.8%が全日制高校へ進学しており，その値は一般家庭児童の10分の１程度であった。その後，1973年に通達「養護施設入所児童等の高等学校への進学の実施について」が出され，公立高校への進学について公費が支弁されることになった。また，1988年には私立高校への進学についても公費が支弁されるようになり，児童養護施設入所者の高校進学率は上昇する。近年の調査（厚生労働省 2014）では，児童養護施設入所者のうち2012年度末に中学校を卒業した者の94.8%が高校等へ進学しているという。これは，全中卒者の高校等への進学率98.4%と比べてかなり近い値だといえる。

　高校等への進学率が上昇してくると，次に問題となるのが大学等への進学である。平成25年度学校基本調査によると，大学，短期大学，高等専門学校高等課程（以下，「大学等」と表記）に進学する全高卒者は57万9千人で，全体の53.2%にものぼるという。いまや二人に一人は，高校卒業後に大学等に進学する時代である。そうした時代においても，児童養護施設での生活経験のある子どもの大学等進学率は12.3%（200人）にとどまっている（厚生労働省 2014）。対照的に，高校卒業後に就職する児童養護施設入所経験者は69.8%（1,135人）と数多く，全高卒者の16.9%（18万4千人）と大きな開きがある。こうした値をみてみると，児童養護施設の子どもたちの教育機会を考えるにあたり，大学

第4章　子どもの貧困と教育機会

表4-1　大学入学後に感じる困難

			あてはまる	あてはまらない	合　　計	
授業のレベルについていくのが大変である	A大	入所経験者	16.7%	83.3%	100.0%　(36)	
		一般学生	24.0%	76.0%	100.0%　(96)	
	私立A大学		22.0%	78.0%	100.0%　(132)	
	私立B大学		21.3%	78.7%	100.0%　(122)	
生活費の負担が大変である	A大	入所経験者	94.4%	5.6%	100.0%　(36)	**
		一般学生	66.3%	33.7%	100.0%　(101)	
	私立A大学		73.7%	26.3%	100.0%　(137)	
	私立B大学		76.6%	23.4%	100.0%　(124)	
アルバイトと勉強の両立が大変である	A大	入所経験者	80.6%	19.4%	100.0%　(36)	***
		一般学生	22.8%	77.2%	100.0%　(101)	
	私立A大学		38.0%	62.0%	100.0%　(137)	*
	私立B大学		48.4%	51.6%	100.0%　(122)	

注：*** は P＜0.001，** は P＜0.01，* は P＜0.05。（　）内は度数。以下，同様に表記。

等への進学問題について検討せざるをえない時期にきていることがうかがえる。

（3）児童養護施設入所経験者の大学進学の実態

　児童養護施設から大学に進学する子どもたちが「施設エリート」（妻木 2011）と呼ばれることからもわかるように，彼らは施設出身者の中でも望ましい成長を遂げた子どもとして語られることが多かった。しかし，彼らもまた大学生活において多くの課題を抱えている。果たして彼らがどのような大学生活を送っているのか，筆者が実施したアンケート調査からその様子をみてみたい。

　調査対象としたのは，児童養護施設入所経験者を積極的に受け入れている私立A大学である[6]。私立A大学は偏差値30台の四年制地方私立大学であり，2013年度現在，約50名の児童養護施設入所経験者が在籍している。そのうち36名の学生から回答を得ることができた。なお，比較検討のため，私立A大学と同じ県に設立された同程度の偏差値の私立B大学で実施した調査結果についても掲載している。

　まず，児童養護施設入所経験者（以下【入所経験者】と表記）が大学入学後に感じる困難をみてみたい（表4-1参照）。偏差値30台の大学ということもあ

49

表4-2　人間関係における困難及び大学生活の満足度

			あてはまる	どちらともいえない	あてはまらない	合計	
他人との間に壁をつくっている	A大	入所経験者	52.8%	13.9%	33.3%	100.0%（36）	**
		一般学生	22.8%	24.8%	52.5%	100.0%（101）	
	私立A大学		30.7%	21.9%	47.4%	100.0%（137）	
	私立B大学		21.8%	22.6%	55.6%	100.0%（124）	
他人に対して好意的になれない	A大	入所経験者	38.9%	22.2%	38.9%	100.0%（36）	*
		一般学生	17.8%	18.8%	63.4%	100.0%（101）	
	私立A大学		23.4%	19.7%	56.9%	100.0%（137）	
	私立B大学		15.3%	21.0%	63.7%	100.0%（124）	

			満足	どちらともいえない	不満	合計
大学生活の満足度	A大	入所経験者	25.7%	34.3%	40.0%	100.0%（35）
		一般学生	40.0%	34.0%	26.0%	100.0%（100）
	私立A大学		36.3%	34.1%	29.6%	100.0%（135）
	私立B大学		33.6%	40.2%	26.2%	100.0%（122）

り，「授業のレベルについていくのが大変である」と感じる学生はほとんどいない。「あてはまる」の割合は，【入所経験者】16.7％に対し，【一般学生】24.0％となっている。その一方で，経済的負担を感じている学生は非常に多い。「生活費の負担が大変である」に「あてはまる」とした割合は，【入所経験者】94.4％となっていた。これは【一般学生】66.3％と比べ多い。また，学費や生活費を稼ぐためのアルバイトと勉強との両立を困難に感じる学生も多いことがわかる。「アルバイトと勉強の両立が大変である」に「あてはまる」とした割合は，【入所経験者】80.6％に対し，【一般学生】22.8％となっていた。

　さらに，経済面以外の課題もみられる。他者との関係について聞いてみると，児童養護施設への入所経験のある学生たちが人間関係の構築に課題を抱えている様子がうかがえる（表4-2参照）。「他人との間に壁をつくっている」に「あてはまる」とした【入所経験者】は52.8％，「他人に対して好意的になれない」に「あてはまる」とした【入所経験者】は38.9％となっており，いずれも【一般学生】よりも高い値を示している。加えて，「大学生活の満足度」について聞いた項目も，「満足」とした【入所経験者】は25.7％となっており，【一般学

生】の40.0％と開きがある。

　大学に進学する児童養護施設入所経験者は数少なく，児童養護施設で過ごす子どもたちからみれば彼らは間違いなく優秀な人材である。施設の職員やそこで育つ子どもたちからの期待を背負って大学に進学する者も少なくない。しかし，彼らにとって大学卒業は決して容易なものではない。学費・生活費の負担はもちろんのこと，人間関係のトラブルや精神的な不安定さを抱え，多くの児童養護施設入所者が高校卒業後に選択する「就職」への誘惑，すなわち大学を退学して働くという選択肢を常に頭の片隅に置きながら，卒業へ向けて学んでいる。

4　子どもの貧困をなくすために

　児童養護施設入所経験者にとって「高学歴達成は，現代日本を生き抜くための糧となる」（長瀬 2011：114）。しかし，彼らにとって大学卒業の資格を得ることは決して容易ではない。そこで必要となるのが彼らに対する支援である。2004年の児童福祉法改正によって，児童養護施設退所者のアフターケアが施設業務として位置づけられた。これにより，施設退所後に大学に進学する子どもたちに対して多くの施設から支援が行われるようになった。

　その一方，大学という教育機関において，福祉施設で育った子どもたちに対する支援の在り方が十分に議論されているわけではない。もちろん大学の機能を小学校，中学校，高校と同列に論じることはできない。けれども，それらの学校の一部において，貧困層の子どもを排除するだけでなく，排除に抗することができたのは，一人ひとりの子どもに丁寧に根気強く向き合う教師の姿あってのことだった（西田 2012b）。そのように考えると，彼らの大学卒業を達成させるためには，大学教職員の支援が欠かせないことになる。実際，すでに児童養護施設退所者のための支援プログラムを立ち上げた短期大学も存在する[7]。けれどもそうした機能をもった大学は，私たちの想定する「大学」の枠を出ているのかもしれない。子どもの貧困をなくすための教育機関としての大学の在り方が問われている。

第2部　子どもと社会

　2013年「子どもの貧困対策法」が成立した。その基本理念として，「子どもの貧困対策は，子ども等に対する教育の支援，生活の支援，就労の支援，経済的支援等の施策を，子どもの将来がその生まれ育った環境によって左右されることのない社会を実現することを旨として講ずることにより，推進されなければならない」と定められている。子どもの貧困を撲滅するために教育に何ができるのか，今，改めて問い直されている。

注
1）日本の子どもの貧困率は2009年の所得に基づく。
2）OECD（2006）Society at a Glance のこと。
3）川松（2008）は，平成15年度子ども家庭総合研究事業「児童相談所が対応する虐待家族の特性分析——被虐待児及び家族背景に関する考察」，東京都福祉保健局「児童虐待の実態Ⅱ」（2005年12月），兵庫県中央子ども家庭センター企画指導課調査，「子ども虐待による死亡事例等の検証結果等について」社会保障審議会児童部会児童虐待等要保護事例の検証に関する専門委員会第三次報告（2007年6月22日）の四つの調査結果を参照している。
4）「階層」と「階級」は混同されやすい概念であるが，本章では，「階層」を「資産，所得，職業，社会的威信，権力，学力など資源配分の不平等によって生じる序列を，何らかの方法で区分けしたとき，おなじ区分に入る人々の集合のこと」（森下 2001：120），「階級」を「K. マルクスあるいは M. ウェーバーの階級理論を背景として主として経済的な次元で「もてる者／もたざる者」を区分する」（中村 2012：31）概念として扱った。
5）A. ラフタリーと M. ハウトによる Maximally Maintained Inequality 説。
6）私立 A 大学では，児童養護施設入所経験者の授業料の一部を免除している。4年間を卒業するのに必要な授業料は約100万円である。私立 A 大学での質問紙調査は2013年11月に実施し，調査データは，人文社会学部系の学問を専攻している学生のみに限定して分析を行った。
7）山梨学院短期大学は，平成19年度文部科学省「新たな社会的ニーズに対応した学生支援プログラム」に「短期大学を拠点とした長期的自立支援の取組——児童養護施設出身者への卒業後支援を含めて」が採択されている。

参考文献

青木紀（2008）「学校教育における排除と不平等」福原宏幸編『社会的排除／包摂と社会政策』法律文化社：200-219.

阿部彩（2009）「現代日本の子どもの貧困」『子どもの貧困白書』明石書店：19-29.

阿部彩（2012）『子どもの貧困――日本の不公平を考える』岩波書店.

阿部彩（2013）「子どもの健康格差の要因――過去の健康悪化の回復力に違いはあるか」『医療と社会』22(3)：255-269.

岩田正美（2007）『現代の貧困――ワーキングプア／ホームレス／生活保護』ちくま新書.

ウィリス，P.，熊沢誠・山田潤訳（1996）『ハマータウンの野郎ども』ちくま学芸文庫.

川松亮（2008）「児童相談所からみる子どもの虐待と貧困」浅井春夫・松本伊智朗・湯澤直美編『子どもの貧困』明石書店：84-111.

グッドマン，R.，津崎哲雄訳（2007）『日本の児童養護』明石書店.

厚生労働省雇用均等・児童家庭局（2009）「児童養護施設入所児童等調査結果の概要（平成20年2月1日現在）」
http://www.mhlw.go.jp/toukei/saikin/hw/jidouyougo/19/dl/02.pdf（2014/3/7）

厚生労働省（2010）『平成22年国民生活基礎調査』
http://www.mhlw.go.jp/toukei/saikin/hw/k-tyosa/k-tyosa10/2-7.html
（2014/3/20）

厚生労働省（2014）「社会的養護の現状について 平成26年3月」
http://www.mhlw.go.jp/bunya/kodomo/syakaiteki_yougo/dl/yougo_genjou_01.pdf
（2014/5/4）

妻木進吾（2011）「児童養護施設経験者の学校から職業への移行過程と職業生活」『児童養護施設と社会的排除 家族依存社会の臨界』解放出版社：133-155.

中澤渉（2012）「合理的選択としての教育達成」『よくわかる教育社会学』ミネルヴァ書房：36-37.

中村高康（2012）「社会階層と社会移動」『よくわかる教育社会学』ミネルヴァ書房：30-31.

長瀬正子（2011）「高学歴達成を可能にした条件」『児童養護施設と社会的排除 家族依存社会の臨界』解放出版社：113-132.

西田芳正（2012a）「教育における選抜と排除」加野芳正・越智康詞編著『新しい時代の教育社会学』ミネルヴァ書房：159-171.

西田芳正（2012b）『排除する社会・排除に抗する学校』大阪大学出版会.

バーンスティン，B.，萩原元昭訳（1981）『言語社会化論』明治図書.
久冨善之（2009）「PISA に見る日本の「学力の階層格差」」『子どもの貧困白書』明石書店：58-61.
ブルデュー，P.，石井洋二郎訳（1990）『ディスタンクシオンⅠ・Ⅱ』藤原書店.
ブルデュー，P.／パスロン，J. C.，宮島喬訳（1991）『再生産』藤原書店.
堀場純矢（2008）「児童養護問題の構造と子育て世帯の共通性」『子どもと福祉』vol. 1：95-103.
松本伊智朗（2007）「子ども：子どもの貧困と社会的公正」青木紀・杉村宏編『現代の貧困と不平等——日本・アメリカの現実と反貧困戦略』明石書店：45-66.
松本伊智朗（2008）「貧困の再発見と子ども」浅井春夫・松本伊智朗・湯澤直美編『子どもの貧困』明石書店：14-61.
森下伸也（2001）『社会学がよくわかる事典』日本実業出版社.
山田勝美（2008）「児童養護施設における子どもの育ちと貧困」浅井春夫・松本伊智朗・湯澤直美編『子どもの貧困』明石書店：136-153.
ユニセフ・イノチェンティ研究所（2012）『Report Card 10——先進国の子どもの貧困』http://www.unicef.or.jp/library/pdf/labo_rc10.pdf（2014/ 3 /18）
OECD（2006）Society at a Glance
　　http://www.oecd-ilibrary.org/social-issues-migration-health/society-at-a-glance-2006_soc_glance-2006-en（2014/ 3 /18）
Raftery, Adrian E., and Michael Hout, (1993) "Maximally Maintained Inequality: Expansion, Reform, and Opportunity in Irish Education, 1921-75," *Sociology of Education,* 66: 41-62.

（西本佳代）

第5章

教室の中の子どもたち——学級・学校における人間関係の変容

　本章で取り上げるのは，学校の中における子どもたちの人間関係である。子どもたちは学校の中で授業や部活動などさまざまな活動に取り組んでいるが，学校生活の多くの時間を教室という空間で過ごしている。本章は主に教室内の子どもたちの人間関係に着目する。教室にいる子どもたちは主に同じ学級のメンバーである。本章でははじめに集団としての学級の特徴を確認し，次に学校文化の変容が子どもたちに与えた影響を検討する。さらに島宇宙，スクールカーストと呼ばれる現象に焦点をあてる。最後に学校教育における「望ましい人間関係」について考察する。

1　集団としての学級の特徴

　教室内にいる子どもたちは主に同じ学級に所属している。そこで学級という集団の基本的な特徴について確認しておきたい。学級は学校生活における中心的な集団である。学級という単位で子どもたちは授業などの学習活動に取り組み，また授業以外のさまざまな活動に取り組む。学級の定員は学年によって異なるが，概ね40名以下になるよう制度的に定められている。

　学級は我々にとってあまりにもなじみ深いため，ごく自然な集団にみえるかもしれない。しかし実はかなり特殊な集団であり，一般の子ども同士の仲間集団と比較するとその特徴が浮き彫りになるだろう。ここでは学級について次の2つの特徴を取り上げる。

　第一は，本人の意思にかかわらず，強制的に所属しなければならない集団ということである。仲間集団の場合，子ども自身が加入するかどうか選択することが可能である。一方，学級の場合，メンバーを選んでいるのは学校（教師）

である。学級編成に対し，子どもたちの意向が反映されることはない。さらに構成されるメンバーは同じ年齢の子どもたちによって構成されている。会社などを想像すればわかるとおり，一般社会において同一の年齢で集団が形成されることは非常に少ない。そのことを踏まえると，同一年齢のメンバーで構成されている学級はかなり特殊な集団であることは容易に理解できる。

さらに少なくとも1年間は同じメンバーである。子どもたちは所属する学級が決まったら，1年間は離脱することが許されない。そのため，仮に学級生活に不適応を起こした場合，学級が嫌でも学校に通い続けるか，もしくは学校に行かない（不登校）という選択しかできない。

第二は，学級内の人間関係は良好であることが期待されている。高橋（1997）は日本の学校現場において「学級の仲間との協力とか仲間意識を育てることがきわめて重視されている」ことを指摘している（高橋 1997：109）。このことはかつての学校現場だけではなく，近年においても重視されている。日本の学校教育では集団活動を重視する傾向にあるが，その代表的なものとして特別活動がある。特別活動は学校行事や児童会，生徒会活動に加え，学級を活動単位とした「学級活動（高校はホームルーム活動）」がある。たとえば中学校学習指導要領における学級活動の目標において，「望ましい人間関係を形成」という文言が示されている。「望ましい人間関係」の具体的内容についてはさまざまな捉え方はあるだろうが，いずれにせよ「仲良し」「協力」「信頼」などに基づく学級内での人間関係の構築が目指されていることには間違いないだろう。

これら2つの特徴より，子どもにとって学級は否応なく強制的に所属しなければならない集団である。それにもかかわらず，子どもたちは教室の中で同じ学級のメンバーと良好な人間関係を構築することが期待されているのである。では実際の教室では，どのような状況になっているのだろうか。

2 学校文化の変容と子どもたち

社会学では人間の態度や価値形成において理解する際，社会や集団の影響を

重要視する。学級や学校の中の子どもたちでは，学校文化との関連という視点から理解することが求められる。後ほど詳しく述べるとおり，それぞれの子どもが学校文化に適応しているのかどうか，ということによって学級や学校内での様子が異なってくる。しかし子どもに与える学校文化の影響は時代によって変化している。ここでは学校文化の影響力の強さに基づき2つの時期に区切って，それぞれの時期における子どもたちの様子を検討したい。

(1) 学校文化の時代

　はじめは子どもたちの態度や価値に対し学校文化が与える影響が強かった時期である。この時期を本章では学校文化の時代と呼ぶこととする。具体的には1980年代までのころである。このときは学級や学校内の子どもたちは大きく2つの集団に分かれていた。一つは学校文化に適応している子どもたちである。具体的には，勉学への意欲が高く，教師に従順で，規則を守る子どもたちのことである。もう一つは学校文化に適応していない子どもたちで，反学校文化的な態度や価値を有している者たちである。具体的には勉学への意欲が乏しく，教師に対して反抗的，規則を守らない子どもたちである。逸脱文化に適応している子どもたちということもできる。

　学校文化に適応しているか否かで学校内に大きく2つの集団が存在したのだが，2つの集団の力関係は時代状況によって異なっていた。1970年代以前は学校文化の影響が強い時期，すなわち学校文化の担い手である教師の影響が強かった。学校内で反学校文化的かつ逸脱文化に適応している子どもたちの勢力は弱く，逸脱的な行為は主に学校外で行われていた。

　その後，1970年代から1980年代にかけて，反学校文化的な子どもたちの勢力が学校内で強まった。この時期は学校の「荒れ」が社会問題化したころである。学校外で行われていた逸脱行為が学校内でも行われるようになった時期で，具体的には校内暴力などの問題が発生した。また同時期に不良少年たちのことを「ヤンキー」「ツッパリ」「スケバン」と呼ぶようになった。彼ら彼女らの特徴の一つがファッションにあった。具体的には，男子の場合は幅の広いズボン（ボンタン），女子は規則で指定されているより裾が長いロングスカートを着用

していた。注目すべきはこれらのファッションが学校の制服の変形であることにある。制服を用い，それを変形させることによって学校（教師）に反抗の意思を示していたと読み解くことができる。

　1980年代，学校文化への適応／不適応（逸脱文化）を説明する枠組みとして頻繁に用いられたのが地位欲求不満説である（たとえば耳塚（1980））。地位欲求不満説では，低い地位にいる子どもたちが，欲求不満をつのらせ，それを解消するために反学校文化的で逸脱的な行動をとると説明される。当時の日本の学校では，子どもたちの地位の高低を決定する要因として学力（学業成績）が重要であるという指摘がなされていた（耳塚 1980）。社会学においては定説であるが，学力を規定する重要な要因は出身階層である。つまり出身階層という子ども自身の努力では変え難い要因が学力を経由して学校文化に適するかどうかを決定していたということもできる。

（2）非学校文化の時代

　1990年代に入ると，子どもたちに与える学校文化の影響力が弱くなってきた。古賀（2010）は1990年代以降，学校を重視しないライフスタイルが拡大したことを指摘している。具体的には子どもたちが「学校の勉学に興味をもてず，流行やメディアに強い関心を示し，教師との関わりも表層的になる」（古賀 2010：158）。古賀（2010）が1990年代以降，教育問題が「非学校文化」の方向に移行したと指摘していたことにならい，本章では1990年代以降を，非学校文化の時代と呼ぶことにする。

　なぜ非学校文化の時代がおとずれたのか。ここでは次の2点から捉えたい。第一は社会の変化である。社会学で用いられる時代概念として近代社会，ポスト近代社会がある。たとえば本田（2005）はこの概念を用いて，近代社会とポスト近代社会ではそれぞれ人々に求められる能力に違いがあることを論じている。近代社会，ポスト近代社会の内容は論者によって捉え方が異なる点があるものの，次のように理解されている。近代社会とは社会全体で共有する大きな物語が存在し，人々は互いに同じ価値観を共有することができる社会である。日本の場合，高度経済成長期以前の1970年ごろまでが近代社会とされている。

一方，ポスト近代社会は大きな物語が消滅し，仮に同じ社会に属していても，同じ価値観を共有することが難しくなった社会とされている。時期としては高度経済成長期以降から現在までを指す。ポスト近代社会では，人々は所属する狭い集団の中だけに通用する狭い価値観に基づいて行動し，結果的に他の価値観を有している人々との交流を回避する傾向が顕著になった。

　近代学校制度は近代社会が産み出したもので，かつては学校を経由して成功するという物語を多くの人々が共有していた。しかしポスト近代社会においては学校経由の成功物語を人々が無条件に共有することがなくなった。そのため子どもたちにとって学校文化への適応（もしくは不適応や反抗）することの価値が近代社会の時と比べて相対的に低下したのである。このことが具現化したのが1990年代以降とされている。

　第二は教師の変化である。先述の通り，1970年代から1980年代にかけて学校の「荒れ」が社会問題化し教師の権威性に揺らぎが生じた。川村（2009）の教師のライフヒストリー研究によると，1970年代から80年代にかけての学校の「荒れ」を経験した結果，教師たちが「制度的権威」に依存しない教師像の構築を目指すようになったことが明らかとなっている。さらに1990年代以降，学校教育における心理主義化がすすんだ。臨床心理学における「受容」という概念に代表されるように，生徒指導において子どもたちのありのままを肯定する考えが広まっていった。その結果，1990年代以降，教師から子どもに対する統制的なはたらきかけが徐々に弱まっていった。

　以上の変化は学級や学校内の子どもたちのあり方に変化をもたらした。それについて次節で詳しくみていきたい。

3　島宇宙とスクールカースト

(1) 島宇宙

　非学校文化の時代における学級内の子どもたちを捉える概念として島宇宙がある。これは社会学者の宮台真司が1994年の著書『制服少女たちの選択』で提示した概念である。

第2部　子どもと社会

島宇宙とは何なのか。宮台は「同族に分類される〈オタク〉のコミュニケーション網を『島宇宙』」（宮台 1994：246）と呼んでいる。島宇宙の登場によって，学級や学校内の様子に変化が生まれた。それについて宮台は「若者のコミュニケーションは現在，各種の等価な島宇宙によって分断され尽くしている。学校の教室のなかも，かつては教室単位の一体感があったり，女の子でいえばキーパーソンを中心に二大勢力にわかれて対立していたのだが，現在では二～四人ぐらいの小グループに分断されてい」（宮台 1994：246）ると説明している。つまり学校文化の時代に存在した教室内の一体もしくは対立がなくなり，集団の細分化が進んだ。それぞれの集団のことを宮台真司は島宇宙と呼んだのである。

また島宇宙間の相互作用については次のように説明されている。それは「『島宇宙』相互の間にはおどろくほどの無関心しかなく，せいぜい残存するのは，同一の『島宇宙』内部での「〈オタク〉の階級闘争」（ナンバーワンはオレだ！）だけである」（宮台 1994：247）。学校文化の時代のように集団間の相互作用はなくなり，子どもたちの関心は同一の島宇宙内にしか向けられなくなった。子どもたちのコミュニケーションは島宇宙内に限定され，学級内の共同性は失われることになる。

さらに島宇宙内のコミュニケーションを，宮台は「共振的コミュニケーション」（宮台 1994：259）と呼んでいる。宮台によれば「共振的コミュニケーション」は情緒的でわかりあいを軸にしたコミュニケーションではなく，マクドナルドにおける店員と客の関係にみられる役割に対する制度的な信頼を軸にしたコミュニケーションでもなく，個人の「内面」は不問にし，「かわいいもの」「アニメ」など特定のジャンルへの関心を軸としたコミュニケーション，すなわち「ノリを同じくする」者たちのコミュニケーションである。

（2）スクールカースト

教室内において島宇宙と呼ばれる現象がみられるようになったのだが，2000年代後半よりあらたな現象の存在が指摘された。それがスクールカーストである。スクールカーストに関する小説や漫画，ドラマや映画が2000年代後半から

発表されていることからわかるとおり、多くの人々の関心を集めた教育問題に関する現象である。

　島宇宙化がすすんだ空間において子どもたちは、所属している集団内には関心を向けるものの他の集団に対しては無関心である。そのため各集団は横並びの状態にあると想定されていた。しかし実際はそうではなく、集団間は序列が存在しているという指摘がなされるようになった。この序列のことをスクールカーストと呼んでいる（たとえば森口（2007）、鈴木（2012））。

　序列を決定する要因として森口（2007）は次のように説明している。「『クラス内ステイタス』という言葉は、学力や運動能力が大きなウエイトを占めるイメージを大人に与えるが、スクールカーストを決定する最大要因は『コミュニケーション能力』だと考えられている」（森口 2007：43）。先述のとおり、学校文化の影響が強かった時期では学力が子どもたちを分化する要因として考えられていたが、スクールカーストが存在する現在の学校では「コミュニケーション能力」が子どもたちを分化させる要因となったのである。

　ここでいう「コミュニケーション能力」とは何なのか。森口によれば「コミュニケーション能力とは、『自己主張力』『共感力』『同調力』の三次元マトリックスで決定される」（森口 2007：44）。そのことについて森口は次のように説明している。「自己主張しなければリーダーシップをとることはできませんが、他者と相互に共感する力（共感力）がなければ人望を得られず、自己主張も空回りしてしまいます。また、クラスのノリ（空気）に同調し、場合によっては空気をつくっていく力（同調力）は、クラスを生き抜く上で不可欠な力です」（森口 2007：44-45）。現在の学校では自己主張する力、他者と共感し、同調する力がないと生活することが困難であり、またそれらの力の多寡によって地位が決定されてしまうのである。

　スクールカーストについては鈴木翔による研究がある（鈴木 2012）。大学生を対象にした回顧調査（インタビュー調査）などのデータをもとに、上位と下位のグループ間の関わりが繰り返しある場合、「地位の差」が顕在化することや、上位のグループは「結束力」があり、クラスに「影響力」があるため下位のグループは彼らに「恐怖心」を抱くことなどを明らかにした。

また鈴木は小中高教員4名対象のインタビュー調査データの分析も行っている。その結果，教師もスクールカーストに従って行動していることや，教師はスクールカーストを能力（積極性，生きる力，コミュニケーション）による序列だとみているなどを明らかにしている。さらに教師はスクールカーストを肯定的に捉えており，これから社会に出て行くことを考えれば，自分の「能力」の足らないところが見えやすいスクールカーストがあることは望ましいとすら考えているということを指摘している。

（3）スクールカーストの批判的考察

しかしスクールカーストについては次の2点について課題が見いだされる。第一は，スクールカーストが与える学校生活の影響である。このことを検討するにあたって，本田（2011）が行った中学生対象の質問紙調査データの分析結果を参照したい。本田（2011）はクラス内地位の指標として「クラスの人気者だ」「クラスメイトにバカにされていると感じる」を用いて，クラス内地位がもたらす学校生活の影響を検討するため，重回帰分析を行った。その結果，クラス内地位で下位である場合，クラスの友人への満足度や学校生活の楽しさを低下させることが明らかとなった。クラス内地位をスクールカーストの指標として捉えたとき，スクールカーストで特に下位にいる場合，学校生活が楽しくなくなることが推察される。

しかしこの結果を詳しくみてみると，クラス内地位（スクールカースト）より重要な要因が他にもあることがわかる。本田（2011）の65頁に掲載されている重回帰分析の結果である「表2-4　性別クラス・学校・生活全般の良好さの規定要因」をみてみると，「クラス内『地位』下位」は確かに有意な影響を及ぼしていたが，影響力の大きさを示す標準化係数の値は決して大きくなかった。たとえば従属変数が「学校は楽しい」の重回帰分析結果において「クラス内地位『下位』」の標準化係数の値は－0.057であったのに対し，友人関係の変数である「クラス内友人数」は標準化係数の値が0.127となっていた。このことより学校生活の楽しさにおいてクラス内地位より，クラス内の友人数の方が大きな影響を及ぼしていることがわかる。

第二はスクールカーストそのものが存在するのかどうかについてである。スクールカーストはネーミングからカースト制度をイメージしやすい概念となっており、そのためスクールカーストの構造はピラミッド型を想定されやすい。具体的には小数の上位グループが、多数の中位下位グループを支配するようなイメージを持ちやすい。仮にそうだとするならば、本田（2011）の分析結果からクラス内地位が下位の場合は学校生活が楽しくなくなるため、スクールカーストの登場により学校生活を楽しいと思う子どもたちは減少していったと予想される。

　しかし学校生活を楽しいと考えている子どもたちは以前と比べて増加している。NHK放送文化研究所編が2012年に実施した調査の結果をみると、学校を「とても楽しい」と回答した割合が、調査を開始した1982年と比べて中学生で38％から57％、高校生で23％から54％に増加していた。この10年間で「とても楽しい」と回答した者の割合が特に増加しており、学校生活に対する評価が過去30年で最も高くなっていた（NHK放送文化研究所編 2013: 24-25）。

　少なくとも少数の上位者が多数の下位者を支配するようなピラミッド構造のスクールカーストが存在することはかなり疑わしい。スクールカーストの存在そのものの有無を実証することは難しいが、仮に存在したとしてもスクールカーストの構造は逆ピラミッド（逆三角形）である可能性が高い。

　またスクールカーストが実際に存在するのかどうかとは別に、スクールカーストの構造において下位に位置づけられている者が構築したものという可能性がある。スクールカーストを題材とした小説や漫画、映画などが近年、発表されているが、その中の一つに朝井リョウ原作の小説『桐島、部活やめるってよ』が挙げられる。この作品はとある県立高校において、バレー部キャプテンの桐島が理由も告げず部活を突然やめてしまったことをきっかけに、高校生の学校生活にさまざまな変化が生じる様子を描いている。この作品は小説だけではなく2012年に映画化され、その後に日本アカデミー賞最優秀作品賞を受賞したこともあり人口に膾炙した作品である。

　小説『桐島、部活やめるってよ』において前田涼也という高校生が登場する。彼が学校の様子について次のように語っている。

高校って，生徒がランク付けされる。なぜか，それは全員の意見が一致する。英語とか国語ではわけわからない答えを連発するヤツでも，ランク付けだけは間違わない。大きく分けると目立つ人と目立たない人。運動部と文化部。
　上か下か。
　目立つ人は目立つ人と仲良くなり，目立たない人は目立たない人と仲良くなる。目立つ人は制服でもかっこよく着られるし，髪の毛だって凝っていいし，染めていいし，大きな声で話をしていいし行事でも騒いでいい。目立たない人は，全部だめだ。
　この判断だけは誰も間違わない。どれだけテストで間違いを連発するような馬鹿でもこの選択は誤らない。
　<u>なんでだろうなんでだろう，なんて言いながら，僕は全部自分で決めて，自分で勝手に立場をわきまえている。</u>
　<u>僕はそういう人間だ。そういう人間になってしまったんだ。</u>

(朝井 2012：89-90，下線部筆者)

　前田涼也は映画部に所属しており，上記で述べているランク付けについて前田は「下」に該当することが作品を読み進めていけば理解できる。ここで注目すべき点は，下線部にあるように，ランク付けについて自己言及している点にある。実はランク付けについて前田は他者から明確に言及されているわけではない。作品の中でも前田に関わるエピソードがいくつか登場するが，それらについて前田自身が否定的な出来事として解釈し，ランク付けにおいて「下」であること読者に想起させるようになっている。
　スクールカースト登場以前から，学校内において生徒のステータス・システムが存在することが指摘されていた。たとえば1990年代の研究において，部活動参加を志向する生徒のステータス・システムの存在が確認されている研究がある（たとえば白松（1995））。
　つまり学校内の集団の序列は以前から存在したのだが，近年においてスクールカーストという名称として多くの人に広がった。しかし実際は多くの子ども

たちにとっては学校生活において重要な問題となっているわけではない。一部「下位」と位置づけられていると思われる子どもにとっては重要な生活上の課題であるのだが，一方でスクールカーストそのものが「下」と自己言及している者たちによる構築物であるのかもしれないのである。

4 学校教育における「望ましい人間関係」を考える

　以上を踏まえ，今後の学校教育のあり方について考察する。子どもに対する学校文化の及ぼす影響のあり方が変容した結果，学級や学校内の子ども集団の有り様に変化が生じた。2000年代後半以降，スクールカーストと呼ばれる現象が話題になったが，前節で検討したとおりスクールカーストには課題が見いだされ，存在そのものも含め今後も検討する必要がある。

　一方，島宇宙と呼ばれる現象については今日の教室内で蔓延していると思われる。こうした状況下の中で教師はどのような教育活動を展開していけばよいのだろうか。今日の社会ならびに学校内の状況を踏まえ，教師の生徒指導，あるいは集団活動を特質とする学級活動など特別活動の指導のあり方について考察しなければならない。先述の通り，現在の学校において「望ましい人間関係」の形成が求められている。「望ましい人間関係」というものをどのようにして捉えていけばよいのだろうか。

　社会学的研究を参考にしたとき，人間関係は大きく2つの側面を有していることが指摘できる（長谷川 2012）。一つはそれ自体がわれわれの喜びの源泉という側面である（菅野 2008）。これは親しい人との相互承認によって喜びを感じるという側面である。もう一つは情報の伝達獲得の手段としての人間関係である。後者についてグラノヴェッター（Granovetter, Mark S. 1973 = 2006）の「弱い紐帯の強さ」仮説によれば，情報伝達については強い紐帯（家族や友人など頻繁に接触する人）より，弱い紐帯（たまにしか接触をしない知人）が多い方が有利である。

　「望ましい人間関係」といった場合，先述の通り「仲良し」というようなキーワードで特徴づけられる人間関係を想像するだろう。その場合，それ自体

が我々の喜びの源泉という側面の人間関係を指し示す。だとするならば教師が「望ましい人間関係」が大切であることを強調すればするほど，子どもたちは「仲良し」の人間関係の維持にエネルギーを費やすこととなる。島宇宙という現象が登場している教室の中では，子どもたちは島宇宙内の人間関係に固執するということになる。「望ましい人間関係」を強調することにより，教師が島宇宙現象を強化してしまう恐れがあるでのある。

しかしベック（Beck, U.）が指摘しているように現代社会は制度や価値観が急激に変化しており，社会の不確実性が高まっている。こうした状況下では情報の伝達獲得の重要性が高まり，それを可能とする人間関係の構築が求められる。だとするならば学校教育の課題は，子どもたちの中に情報の伝達獲得の手段としての人間関係，弱い紐帯を増やすことが挙げられる。教育実践の具体的課題は，本来であれば分断されている島宇宙間の相互作用を生じさせることとなる。仮に学校教育が「望ましい人間関係」という用語を用い続けるとしても，「望ましい人間関係」の中に弱い紐帯を含めることが求められる。その上で「仲良し」を目指すだけではなく弱い紐帯の意義を理解することができるような，集団活動の展開などが教師には求められる。

こうした課題に対し（教育）社会学は，学校教育の現状や課題などを踏まえつつ，学術的な理論や手法を駆使して貢献することが要請されている。

参考文献

朝井リョウ（2012）『桐島，部活やめるってよ』集英社文庫.

NHK放送文化研究所編（2013）『NHK中学生・高校生の生活と意識調査2012　失われた時代が生んだ"幸せ"な十代』NHK出版.

川村光（2009）「1970-1980年代の学校の「荒れ」を経験した中学校教師のライフヒストリー——教師文化における権威性への注目」『教育社会学研究』85：5-25.

管野仁（2008）『友だち幻想』ちくまプリマー新書.

古賀正義（2010）「「教育困難」と教師の実践」岩井八郎・近藤博之『現代教育社会学』有斐閣：153-170.

白松賢（1995）「生徒文化の分化に与える部活動の影響」『子ども社会研究』創刊号：80-92.

鈴木翔（2012）『教室内カースト』光文社新書.

高橋克巳（1997）「学級は"生活共同体"である——クラス集団観の成立とゆらぎ」今津孝次郎・樋田大二郎編『教育言説をどう読むか　教育を語ることばのしくみとはたらき』新曜社：105-130.

武内清（1993）「生徒文化の社会学」木原孝博・武藤孝典・熊谷一乗・藤田英典編著『学校文化の社会学』福村出版：107-122.

長谷川祐介（2012）「友人関係に及ぼす学校行事の影響に関する分析の試み」『大分大学教育福祉科学部附属教育実践総合センター紀要』29：91-104.

本田由紀（2005）『多元化する「能力」と日本社会　ハイパー・メリトクラシー化のなかで』NTT出版.

本田由紀（2011）『若者の気分　学校の「空気」』岩波書店.

耳塚寛明（1980）「生徒文化の分化に関する研究」『教育社会学研究』35：111-122.

宮台真司（1994）『制服少女たちの選択』講談社.

森口朗（2007）『いじめの構造』新潮新書.

Beck, Ulrich (1986) *Risikogesellschaft. Auf dem Weg in eine andere Moderne*, Suhrkamp Verlag.（＝1998, 東廉・伊藤美登里訳『危険社会——新しい近代への道』法政大学出版局.）

Granovetter, Mark S. (1973) "The Strength of Weak Ties," *American Journal of Sociology*, 78：1360-1380.（＝2006, 大岡栄美訳「弱い紐帯の強さ」野沢慎司編・監訳『リーデングス　ネットワーク論』勁草書房：123-154.）

（長谷川祐介）

第6章
学力の社会学

　　　　本章では，子どもたちの獲得する学力を社会学的に考察する。そして
　　　特に家庭環境に着目し，文部科学省が実施している全国学力・学習状況
　　　調査のデータを用いて学力を規定する要因について学力1位で知られる
　　　秋田や学力最下位で知られる沖縄を例に挙げながら考察する。

1　学力をどう捉えるか

（1）学力の定義

　子どもの学力の定義をめぐっては，これまでさまざまな分野においてさまざまな議論がなされてきた。学力と聞いてまず連想するのは，ペーパーテストで測定される得点のことであろう。しかしそれは，学力のごく一部分しか捉えておらず，もっと広く捉えるべきであるという考え方もある。特に「新しい学力観」が登場した背景には，子どもがもつ関心・意欲・態度をも含めて学力と捉えようとする考え方があり，その範囲の定義だけでも一般的に合意を得るのはなかなか容易なことではない。

　よってここでは議論の拡散を避けるため，ひとまず「学力＝ペーパーテストで測定される得点」と比較的狭い意味で定義しておきたい。

（2）メリトクラシー

　それでは学力は，わが国に限らず，一般にどのように利用されるのであろうか。言い換えれば，子どもたちは何のために学力を身につけそれをどのように利用しているのだろうか。社会学ではそこにはある戦略が隠されていると考える。そこでまず押さえておきたいのがメリトクラシー（meritocracy）という概念である。

メリトクラシーとは，社会学者ヤング（Young, M. 1958）によって提唱された概念で，日本においては「業績主義」と訳されることが多い。これは人々の地位の達成を，生まれによってではなく，本人のもつ能力や努力の結果によって説明しようとする概念である。過去の時代において，たとえば階級社会や封建社会の中では，人々の地位は親の世代から受け継がれるものであった。江戸時代では，武士の子は武士，農民の子は農民といったように，受け継がれる地位は固定されたものであった。しかし現代の社会は，たとえ親の世代の地位が低くても，本人の能力や努力次第で高い地位を獲得することができるという，開かれた社会であるという捉え方が一般的である。
　そこでは学力が，地位を上昇させる手段として用いられる。高い学力を達成すれば，高い学歴を獲得することができ，結果として地位の上昇移動が可能となる。逆に，高い学力を獲得することができなければ，たとえ親世代の職業的地位が高くても，獲得される地位は低いものとなる。メリット（業績）によって本人の地位が決まる平等で開かれた社会（実際そうした社会が実現されているかどうかは別として），これがメリトクラシーの社会である。
　そうした社会で学力獲得は戦略的に行われ，地位の上昇や下降に用いられる。よって特にわが国においては，一方では子どもたちは学力の獲得に駆り立てられ，また一方では，そうした競争から離脱する子どもたちがあふれることとなる。

（3）再生産論

　このように社会学では，たとえば知能指数に注目してきた心理学とは違って，あるいは主として親のもつ経済力によって子どもの学力や学歴，ひいては地位が決定されるとする経済学とは違って，学力を捉える際，本人のもつ「能力＋努力」に注目するという，特徴的な捉え方をしてきたといってよい。そしてさらに社会学特有の捉え方として，「文化」に注目する研究もある。再生産論である。
　実は，わが国の学力を考える際，メリトクラシーの視点だけでは不十分である。それは現在の日本が，本人の努力や能力次第で地位を達成することのでき

る社会とはなっていないことからもわかる。今でも国会議員の世襲が問題となっているし，医者の子は医者，教師の子は教師といった職業的再生産は頻繁に起こっている。もしメリトクラシーの社会が完全に実現されていたとすれば，こうした職業的再生産は頻繁には起こらないはずであろう。もちろんこうした現状は海外でも同様である。ここではそうした現状を説明し補う意味で，バーンスティン（Bernstein, B. 1977）とブルデュー（Bourdieu, P. 1970）の再生産論にふれておきたい。

イギリスの社会学者であるバーンスティンは，「限定コード（restricted code）」と「精密コード（elaborated code）」という概念を用いて，わが国には階級という捉え方がなくなじみにくいかもしれないが，中産階級の子どもと労働者階級の子どもとの間に存在する学力格差について考察している。

バーンスティンは，労働者階級の子どもたちは，普段の家族や友人との会話の中で用いる言語が複雑な構文を用いず，文よりも単語に近い単純なものであり，状況に依存した「限定コード」であるのに対し，中産階級の子どもは従属節や副詞節を多用した複雑な構文を用い，語彙が豊富で，状況から独立した「精密コード」を使用していることを見出した。そして限定コードの使用は学校での成功に不利であり，逆に精密コードは有利となる。このコード使用の違いが，学校での成功を左右すると指摘した。

「状況に依存している言語」とは，聞き手が同じ場面を体験していないと通じない言語のことであり，「状況から独立している言語」とは，同じ場面を体験していなくても意味が通じる言語のことである。たとえば，「僕きつね」という言葉だけを聞いても，普通はいったい何のことかわからないだろう。ただこれを「友達と二人でうどん屋さんに行って，友達はたぬきうどんを，僕はきつねうどんを注文しました。」という状況を細かく説明し，その時発した言葉が「僕きつね」ということがわかれば，意味が通じるだろう。この場合，前者が限定コード，後者が精密コードとなる。

そして学校で要求されるのは，多くの場合，精密コードの方である。作文を書くという活動を例に考えるとそれは明らかだろう。したがって学校で求められる精密コードを普段から家庭で使いこなしている子どもが，学校での活動，

特に学力達成において有利となるのである。

　要するに，労働者階級の子どもは，家庭において親から伝達される言語コードが限定コードであるため，学校で成功するのが難しく，子どもの世代でも労働者階級が維持されるという親から子への地位の再生産が繰り返されるという構造になっており，学校はむしろそうしたシステムを維持するために機能しているとも言えるのである。

　もう一つ，ブルデューの再生産論，特に「文化資本」についてふれておきたい。文化資本とは，主に家庭において親から子へと伝達されるものであり，マナー，言葉遣い，基本的生活習慣，趣味，教養，態度，学歴，資格，絵画，書物などのことである。一般に家庭における文化と言われるものである。

　たとえば，幼い時から家庭の中で太宰治や夏目漱石の書物に囲まれて育った子どもがいたとしよう。親は文学作品が好きで日常的に家庭で本を読んでいた。そしてそうした環境で育った子は何の違和感もなく自然にそうした文学に馴染むようになるだろう。そして学校でも，国語の時間に太宰や漱石の作品が出てくる。するとその子にとって，このような作品を読んだことがない子どもに比べ，授業内容ははるかに親しみやすいものとなる。そしてそうした経験の蓄積は，国語のペーパーテストを受ける際も，かなり有利に働くことだろう。

　こうした学習内容への親和性，親近性は，家庭における文化と大きく関わっている。これは幼い頃からピアノを習ったりクラシック音楽を聴いたりして育った子どもが，学校の学習内容，たとえば聴いたことのあるクラシック音楽や音楽家が頻繁に登場する音楽の時間に感じる親近感や，絵画に親しんで育った子どもが美術の時間に感じる親近感の場合も同様である。

　このように家庭で受け継がれる一般的に高度とされる文化は，学校における学力達成に有利に作用し，子どもの学力を高めることになる。そしてそれは多くの場合，子ども本人の能力とは関係なく，努力だけではどうすることもできないものである。こうした例からも，「学力＝能力＋努力」というモデルの限界がうかがえるだろう。

（4）学力の規定要因

　もちろん，経済学が指摘するまでもなく社会学においても，家庭の収入が子どもの学力に影響を与えているという研究は多い。つまり収入が増えるほど学力も向上するという捉え方である。よってメリトクラシーのモデルに加え，「経済力」も重要な学力の規定要因と言える。しかしそれと同等に，あるいはそれ以上に重要なウエイトを占める可能性があるのが「文化」である。すなわち，これまで挙げたモデルを整理すると，以下のようになる。

① 学力＝能力＋努力
② 学力＝能力＋努力＋経済力
③ 学力＝能力＋努力＋経済力＋文化

　もし名づけるとすれば，①は「メリトクラシー・モデル」，②は「経済学モデル」，③が「文化資本モデル」となるだろう。特に③の文化的要因に注目するのが社会学における文化的再生産論の特徴といえる。もちろん，本人の能力や努力は重要であるし，経済的要因も無視はできない。しかし本人の特質や経済的要因を取り去った後もなお残る要因，そして大きなウエイトを占める要因が文化的要因である。

　よって以降では③のモデルに注目し，学力の規定要因としての文化に注目し，実際の学力調査データから考察してみたい。

2　学力調査からみる規定要因としての文化

（1）全国学力・学習状況調査

　現在は学力調査の時代といってよい。2007年度から始まった「全国学力・学習状況調査」（以下，全国学力調査）は，43年ぶりに実施された調査で，2014年度で7回目を迎えている。この調査は，子どもの学力低下が指摘される中，全国的な状況を把握し課題を明らかにする目的で，全国の小学6年生，中学3年生を対象として文部科学省が実施しており，約230万人が参加するわが国最

大規模の学力調査であり，現時点でもっとも信頼性の高い学力調査である。毎年4月に実施され，学力テスト（ペーパーテスト）と生活状況を問う質問紙調査からなっている。

なお，学力テストは知識を問うA問題と，活用力を問うB問題からなっており，2014年度は小学生で国語A，国語B，算数A，算数B，中学生で国語A，国語B，数学A，数学Bの計8科目が実施された。

そうした調査が実施されるに至った背景には，国際的な学力調査PISA（Programme for International Student Assessment）の日本の順位が予想外に悪かったことと関連する。いわゆる「PISAショック」である。PISAは経済協力機構（OECD）が実施している国際的な学力調査であり，「国際学習到達度調査」と訳される。3年ごとに分野を変えて実施されている。

日本は2000年の調査では，数学的リテラシー1位，科学的リテラシー2位と好調だったが，2003年調査から順位が落ち始め，2006年調査ではそれぞれ10位，6位，読解力に至っては15位と落ち込んだ。そうした学力低下の背景もあって，2007年から全国学力調査が始まり，現在に至っている。

またこの他にも，各自治体単位で実施されている学力調査も多く，社会学の研究においても各種の学力調査が実施されている（たとえば，苅谷・志水（2004））。

以上のように，学力調査は各種行われているが，ここでは一例として，文科省調査の現時点で公表されているものの中で最新の全国学力調査（2013）のデータを主として用いて，学力の規定要因としての文化について考察したい。

（2）文化としての生活習慣の把握

全国学力調査の特徴としては，単なるペーパーテストによる学力の把握にとどまらず，「児童質問紙」「生徒質問紙」といった質問紙調査を併用して実施しているところにある。その質問紙においては，「朝食を毎日食べている」かどうか，「毎日，同じくらいの時刻に寝ている」かどうか，「毎日，同じくらいの時刻に起きている」かどうか等，子どもたちの生活実態についての質問項目が含まれており，生活習慣の把握もなされている。

学力テストの質問紙調査（特に生活実態調査）を併用するという手法は，教

育社会学において伝統的に用いられてきたものである（たとえば，池田（2000），苅谷・志水（2004），原田（2003））。生活習慣，たとえば朝食を食べているかどうかは，教育社会学における研究蓄積から学力に大きく関連することがわかっている。学力テストの得点のみならず生活習慣等とクロスさせて分析を行うことにより，学力を向上させたり低下させたりする原因の分析を行うことが可能となり，調査結果から教育改善に結びつくような提言を導き出すことができるのである。

　文科省の全国学力調査には，実は複数の教育社会学者が企画段階から関わっており，調査項目に生活習慣に関するものが含まれているのも，そうした教育社会学における研究の蓄積の成果とも言える。

　ところで，先ほど「文化」の中には「生活習慣」も含まれると述べた。たとえば，家庭における文化には，保護者のものの考え方，行動の仕方が反映している。結果的にそこから，「子どもには毎日きちんと朝食を食べさせるべき」とか「小学生は夜9時までには寝るべき」とか「子どもには規則正しい睡眠のリズムが重要である」といったような具体的な行動規範が生まれる。よって保護者の教育意識が高い家庭の子どもは，「早寝早起き朝ごはん」といった生活習慣が自然に身につくことになり，それが学力の向上にもつながるのである。

（3）生活習慣と学力の関連性

　そうしたことを具体的なデータでみてみたい。

　たとえば図6-1は，全国学力調査（2010）における小学6年生の朝食の摂取状況（4件法）と各学力テストの得点（100点満点）の関係を示したものである。グラフからわかるように，朝食の摂取状況がよくなればなるほど，テストの得点は高くなっていることがわかる。さらに，毎日食べている子どもとまったく食べていない子どもの得点差は，約20点あることがわかる。

　規則正しい就寝や起床においても同様の結果が得られている。できている子どもほど得点が高くなっている（図6-2，6-3）。

　さらに図6-4は，家庭内における親子の会話を示す項目について示したものである。コミュニケーション量が多いほど学力が高くなっていることがわか

第6章　学力の社会学

朝食を毎日食べていますか

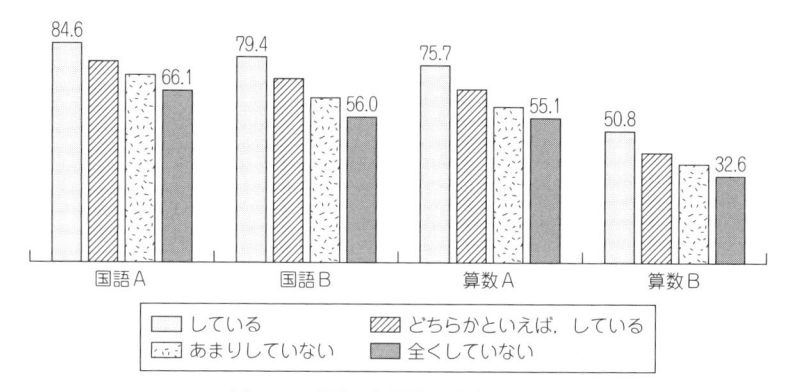

	国語A	国語B	算数A	算数B
している	84.6	79.4	75.7	50.8
全くしていない	66.1	56.0	55.1	32.6

凡例：□ している　▨ どちらかといえば，している　▨ あまりしていない　■ 全くしていない

図6-1　朝食の摂取状況と学力の関係

出所：文部科学省「平成22年度 全国学力・学習状況調査 集計結果」より作成。

毎日，同じくらいの時刻に寝ていますか

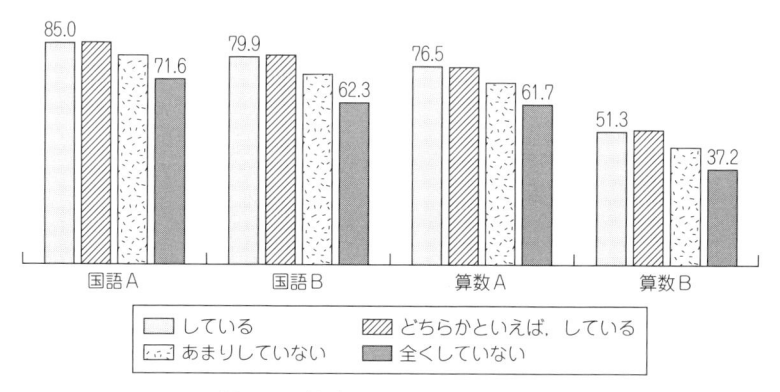

	国語A	国語B	算数A	算数B
している	85.0	79.9	76.5	51.3
全くしていない	71.6	62.3	61.7	37.2

凡例：□ している　▨ どちらかといえば，している　▨ あまりしていない　■ 全くしていない

図6-2　規則正しい就寝と学力の関係

出所：文部科学省「平成22年度 全国学力・学習状況調査 集計結果」より作成。

る。この項目は，保護者の子どもに関する関心を示す項目であると言える。会話が不足すれば，子どもの様子がみえにくくなり，学習面や友達関係の悩みを見逃すことにもなりかねない。よって，家の人との会話ができている子どもほど学力が高いという傾向があると思われる。朝食の項目と同様，している子としていない子では100点満点で20点近くの差がついている。

75

第2部　子どもと社会

毎日，同じくらいの時刻に起きていますか

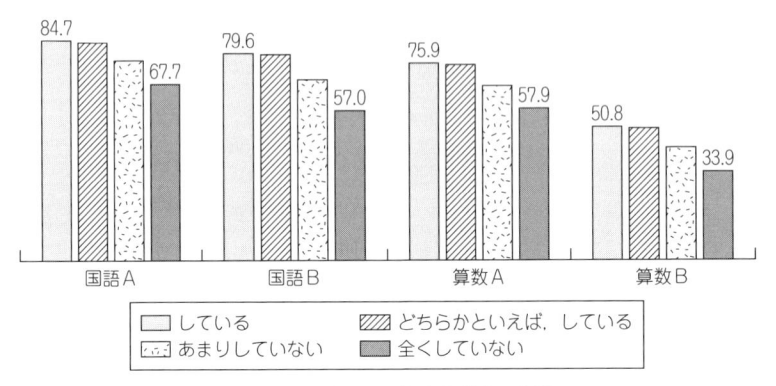

国語A: 84.7 / / 67.7
国語B: 79.6 / / 57.0
算数A: 75.9 / / 57.9
算数B: 50.8 / / 33.9

□ している　　▨ どちらかといえば，している
▥ あまりしていない　　■ 全くしていない

図6-3　規則正しい起床と学力の関係

出所：文部科学省「平成22年度 全国学力・学習状況調査 集計結果」より作成。

家の人と学校での出来事について話をしていますか

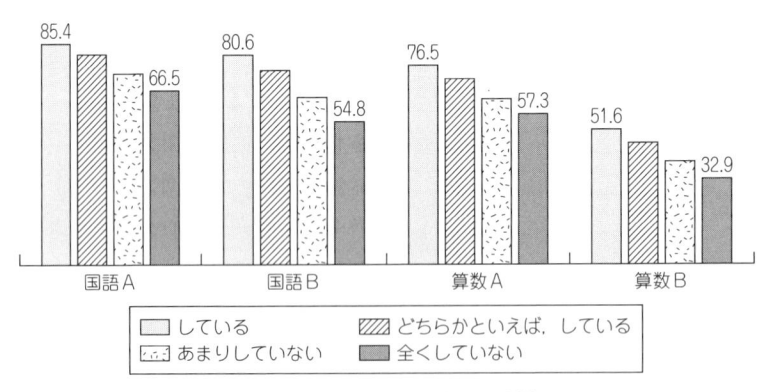

国語A: 85.4 / / 66.5
国語B: 80.6 / / 54.8
算数A: 76.5 / / 57.3
算数B: 51.6 / / 32.9

□ している　　▨ どちらかといえば，している
▥ あまりしていない　　■ 全くしていない

図6-4　親子の会話と学力の関係

出所：文部科学省「平成22年度 全国学力・学習状況調査 集計結果」より作成。

　このように見てみると，家庭での生活習慣がしっかりと身についている子どもほど学力が高いということがわかる。これは学力には本人の能力や努力はもちろんのこと，家庭の支援がより重要であるということを示している。言い換えれば，保護者の教育意識の高さ，子どもへの関心の高さ，もっといえば家庭の教育力，家庭の「文化」が子どもの学力に影響していると言える。

第6章　学力の社会学

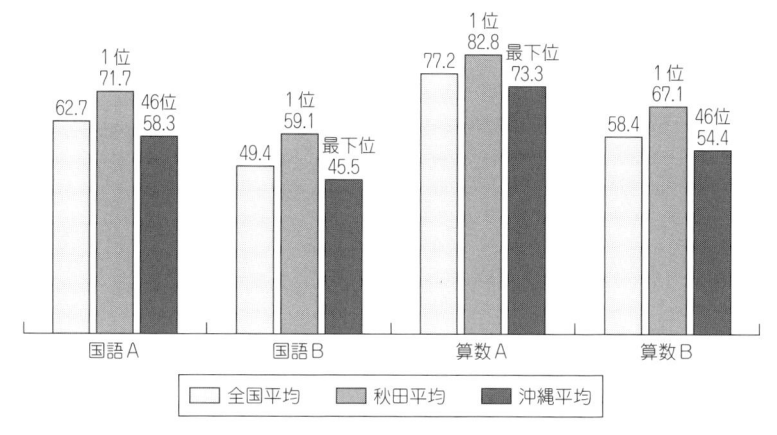

図6-5　学力テストの得点比較（2013年，小6）
出所：文部科学省「平成25年度全国学力・学習状況調査 調査結果」より作成。

　たとえば，朝食は，特に子どもが小学生の場合，子ども自身が勝手に作って食べるわけではなく，多くの場合，保護者が与えるものである。睡眠も子どもが自然に早寝早起きの習慣を身につけるものではなく，多くの場合，「もう寝なさい」などの保護者のねばり強い声かけの中で時間をかけて身につく習慣である。

　また朝食を基点として，生活リズム全体を整える効果もあると考えられる。寝坊しては朝食を食べることができない，だから早く起きる，早く起きるためには早く寝ないといけない……といったように，朝食を基準に子どもの成長にとって大切な規則正しい生活習慣が身についていくこともあるだろう。

　このように文化としての生活習慣は学力に大きく関わっているのである。

（4）学力最下位「沖縄」と1位「秋田」の比較

　ところで，この文科省による全国学力調査において毎年学力1位となっている県が秋田県であり，最下位となっている県が沖縄県である。ここでは先ほど取り上げた生活習慣に関する項目を中心に両県で比較することにより，その学力差が家庭における生活習慣と関わっているかどうかについて確認してみたい。

　まず，両県の差について確認しておきたい。図6-5，6-6は，現時点で最

77

第2部　子どもと社会

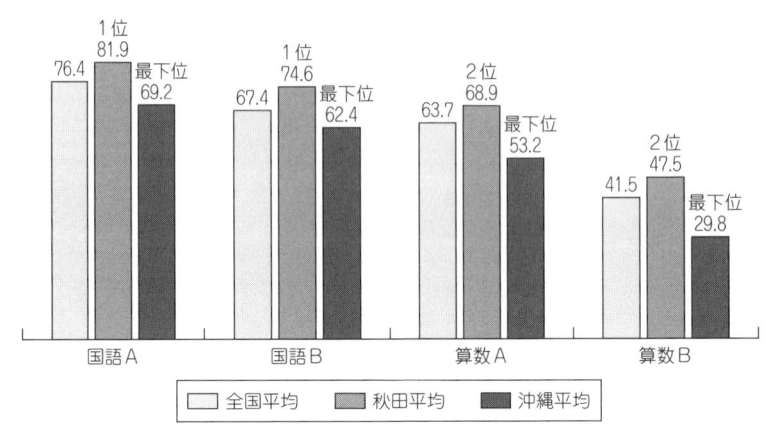

図6-6　学力テストの得点比較（2013年，中3）
出所：文部科学省「平成25年度全国学力・学習状況調査 調査結果」より作成。

新の2013年データから，全国学力調査における学力テストの得点を，小学6年生，中学3年生それぞれについて，全国平均，秋田平均，沖縄平均と並べたものである。グラフの数値は各科目の正答率の平均であり，100点満点の得点とほぼ同義である。沖縄の得点は，全国平均や秋田平均と比べると，かなりの差がついていることが明らかになる。またグラフには順位も付しているが，順位でみるとさらに，沖縄の学力問題が厳しい状況にあるということが明らかになる。

図6-7は全国学力調査の2013年データをもとに筆者が作成したものである。先にふれた家庭の生活習慣・教育力を示す項目について，その実施率と県別順位（秋田と沖縄の47都道府県中の順位）を小学6年生の場合で示したものである。

たとえば，「規則正しい就寝」の項目では，沖縄のしている率は32.8％で全国最下位となっている一方，秋田は42.6％で1位となっている。「規則正しい起床」の項目も同じ結果となっている。

同様に，朝食の摂取率をみると，沖縄の子どもの摂取率は85.8％で，順位にすると47都道府県中44位と最下位ではないもののかなり低くなっている。一方，学力1位の秋田は，摂取率91.7％で1位ではないが全国2位とかなり高い。

第6章　学力の社会学

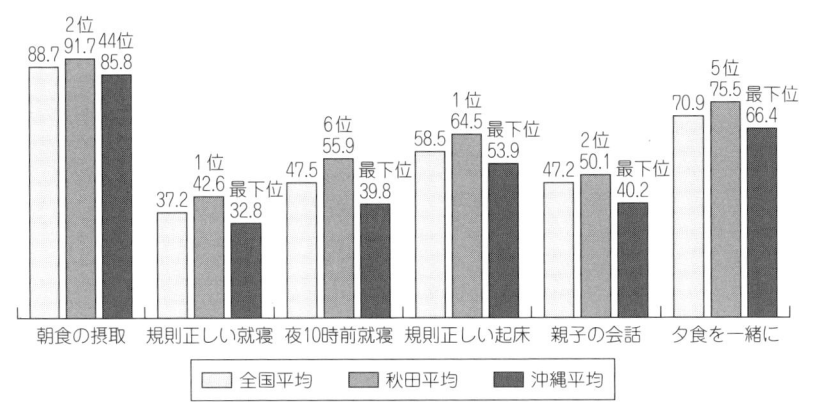

図6-7　生活習慣の沖縄・秋田間比較

項目	全国平均	秋田平均	沖縄平均
朝食の摂取	88.7	2位 91.7	44位 85.8
規則正しい就寝	37.2	1位 42.6	最下位 32.8
夜10時前就寝	47.5	6位 55.9	最下位 39.8
規則正しい起床	58.5	1位 64.5	最下位 53.9
親子の会話	47.2	2位 50.1	最下位 40.2
夕食を一緒に	70.9	5位 75.5	最下位 66.4

出所：文部科学省「平成25年度全国学力・学習状況調査 調査結果」より作成。

このように，沖縄は学力のみならず，生活習慣や家庭の教育力に関する項目についてもほぼ最下位となっていることがわかる。沖縄の学力が最下位なのは，早寝・早起き・朝ごはんなど生活習慣や家庭の教育力に関わる項目においても全国最下位となっていることと大きく関係していると思われる。一方秋田は，どの項目でもほぼ上位となっている。両県の学力差は，このような生活習慣の差から生じているといっても過言ではない。

以上のことから，学力が本人の能力や努力だけに規定されているわけではないことがわかるだろう。むしろ生活習慣，ひいては家庭環境との関わりが大きいと言えるのである。

3　隠された学力獲得のシステム

以上のように，文化資本としての生活習慣が学力達成に寄与していることについて学力データで確認した。前節のデータでは特に県単位の比較でみてきたが，これは各家庭単位，個人単位で見ても同様のことが起こっているといえ，実際，家庭環境が子どもの学力達成に影響を与えているという研究は数多くある。このように，文化は学力にとって，ひいては学歴や職業的地位の達成にと

79

って極めて重要であると言える。

　わが国に限らずエリート層は，自分の職業的地位を子の世代に相続する手段として，学力やその達成の結果としての学歴を用いていると言える。職業的地位を学力や学歴の裏付けなしに直接相続することは，さすがに批判を浴びかねない。しかし，そこに学力や学歴という担保があれば，地位の相続もスムースとなる。

　たとえば，国会議員が我が子にその地位を相続する，いわゆる世襲議員も，東大卒などの高い学歴を担保とすれば，それが親の地位を引き継ぐに相応しい能力を備えているという表象となり，地位の相続も正当化され，スムースに行われることとなる。

　しかしそもそもその学力や学歴が，本人の能力よりも環境によるところが大きいとすれば，その相続は正当化されることはないはずであるが，このような文化資本の相続のシステムは巧みに隠蔽されていることが多いため，あるいは世の中に広く知られているわけではないため，表立っての批判にさらされることはほとんどない。

　こうした隠蔽されたシステムを明らかにすることが学力研究を行ううえでの社会学の役割と言える。

　　［付記］本章で示したデータは，科学研究費補助金における研究「沖縄の離島と本島間の学力格差に関する調査研究」（研究課題番号：25381135，代表者：西本裕輝，2013〜15年度）の成果として得られたものである。

参考文献

池田寛（2000）『学力と自己概念』部落解放・人権研究所.

苅谷剛彦・志水宏吉編（2004）『学力の社会学』岩波書店.

竹内洋（1995）『日本のメリトクラシー――構造と心性』東京大学出版会.

原田彰編（2003）『学力問題へのアプローチ』多賀出版.

Bernstein, B. (1977) *Towards A Theory of Educational Transmissions*, Routledge（＝1985, 萩原元昭訳『教育伝達の社会学――開かれた学校とは』明治図書）.

Bourdieu, P. & J. C. Passeron (1970) *Reproduction*, Sage（＝1991, 宮島喬訳『再生産』藤原書店）.

Young, M. (1958) *The Rise of Meritocracy, 1870-2033: An Essay on Education and*

Equality, Thames and Hudson（＝1982，窪田鎮夫・山元卯一郎訳『メリトクラシー』至誠堂選書）.

(西本裕輝)

第 7 章
受験競争からみる子ども社会

　　　　　子ども社会を読み解くキーワードの一つに「受験」が取り上げられる。戦後日本において，高校・大学進学率が上昇するなか，受験競争は家族をも巻き込んで過熱化し，まさに一つの社会現象であった。受験制度の改善が模索され，受験体制が定着するなか，「受験」に関する研究関心にも変化がみられる。少子化が進行し大学全入時代の到来が指摘される今日においては，受験"競争"自体が懐疑的に捉えられがちである。本章では，戦後日本の進学動向や受験制度の変化を概観し，それに呼応した子ども社会に関する研究視点を取り上げる。そのうえで，とりわけ1980年代以降における地方の中高生にみられる「受験」の語りについて，新聞投書をもとに考察する。

1　1990年以前の受験競争

（1）戦前期における受験競争

　竹内（1991）によると，高等学校や官立学校で入学試験の競争が激しくなる明治30年代半ば以降から受験の時代が始まるという。その要因として，「官吏や教師，医療関係専門職などの各種職業資格や徴兵制度などの特権に関して官公立学校重視の傾向が急速に高まってきた」（竹内 1991：78）ことを挙げている。こうした高等教育進学要求の高まりがある一方，政府が「私立の大学・高等学校の設置を認めず，……帝国大学と予科としての高等学校の設置に消極的な政策を，その後長くとり続けた」（天野 2013：166-167）ことで，帝国大学進学は「狭き門」となり，激しい受験競争の常態化を招いていた。

　当時の受験生に目を向けると，たとえば竹内（1991）は，受験雑誌の体験記をもとに，努力と勤勉の受験的生活世界を生きていたと指摘している。と同時に，そうした受験的生活世界を完璧に生きることが困難だからこそ，受験雑誌

を刺激剤とし，みずからを鼓舞し続けたのだろうと言及している。受験競争のさなかでは，受験雑誌等をつうじて，努力と勤勉に徹しきれない己の怠慢を律し，受験競争から解放されたのちは，受験勉強時の努力や忍耐を美化したのである。

なお，竹内（1991）は，このような受験的生活世界の物語が昭和40年代まで続いているという。また，広田（1999）においては，1910年代から新中間層（都市に住む富裕で教養のある新興勢力）が拡大するのと並行して，しつけや人間形成の担い手が親へとうつり，「親こそが教育の責任者であるという観念を持ち，子供を濃密な教育的視線の下で養育する」「教育する家族」が広がっていったことが示されている（広田 1999：70）。戦前期，受験競争への参入者は限定的であったが，戦後の受験競争や家庭教育・養育態度を考えるうえで，戦前期の社会史研究は示唆に富むものである。

（2）戦後～90年における受験競争

戦後，1990年に至るまでの進学動向を『学校基本調査』で確認すると，高校進学率は1950年の42.5％から，1960年の57.7％，1970年の82.1％と急速に上昇し，1974年には90％を超えている。他方，大学進学率は，戦後1949年の10.1％から1963年には15％を超え，1973年に30％超えを果たしたのちは30％台を推移している[1]。進学率を一つの指標とするトロウ・モデルにしたがえば，日本の高等教育がエリート段階からマス段階へと移行した時期である。

戦後日本の高校進学率・大学進学率を俯瞰した久冨（1993）は，戦後から1990年までを，次の①～③のように15年ごとの3つの時期区分に区切っている。

① 1945～59年

この時期は高校進学率・大学進学率ともに停滞しており，久冨（1993）は「抑制された競争」の時代と位置づけている。ここでいう「抑制」とは，進学競争に対して経済的にも文化的にも抑制要因が作用していたことを意味する。階層間によって生活様式や文化が異なるため，たとえば，低所得層では上級学校への進学意欲が低く，進学（勉強）すること自体にも価値を見出さなかった

のである。

　いまだ日本全体が貧困状態にあり貧富の差も大きかった終戦直後，受験競争は戦前ほどの激しさをみせず，代わって貧困問題が教育問題として注目され，家庭的背景（貧困家庭）と学業成績，身体，知能との関係をさぐる研究が行われていた（苅谷 1995）。受験競争を「抑制」している主要因の「貧困」に焦点が当てられていたのである。

　このように，階層間の差異が見出され研究上も注視されていたこの時期だが，高度経済成長期（1955～73年）へ突入するにつれ，「子どものために尽くすのが親の務めというイデオロギーが普及」している（山田 1997：90）。また広田（1999）によると，1950年代半ばに「心理学ママ」「心理ママ」ということばが流行し，都市部の新中間層の母親のなかに，心理学にのめり込んで，その学問的裏付けのもと「やさしくて賢い母」になろうとする者がいたという。階層間格差を解消し平等社会を模索する研究が盛んななか，家庭における教育熱は着実にその裾野を広げていた。

② 1960～74年

　60年代に突入し，高校・大学進学率ともに急増したこの時期は，「開かれた競争」の時代であり，2つの意味で「開かれ」ているという（久冨 1993：36-37）。一つは，「所得倍増計画」や「開放経済体制」，農業基本法の制定等によって，農民層の「進学抑制」文化がゆらぎ，農民層を中心に進学志向が高まったことである。つまり，進学競争がひろく階層に開かれていったのである。そのため研究の主眼は，受験競争参入以前の階層差から，受験競争後の不平等（社会的経済的地位獲得競争に及ぼす学歴の効用）へとシフトしていった。

　もう一つの意味は，進学者が増大すると同時に高校・大学の数も増加したため，競争はたしかに広がったが，それだけ勉強すれば上の学校に入れるという見通しが開かれていたという意味である。だからこそ，その見通しを支える公平かつ客観的な受験システムの確立が求められた。たとえば大学入試については，適性検査の性質がつよかった「能研テスト」（1963～68年）が廃止される一方で，1966年には調査書重視の通達が出され，推薦入学制度がスタートして

いる。四六答申でも大学入学選抜制度の改善について，広域的な共通テストを開発するほか，調査書を基礎資料とし，論文テストや面接も用いた総合的な判定をすることが要請されている。

　こうした入試制度改革には，当時の社会的背景として「入試地獄」が盛んに問題視されていたことが関係している（中村 2011）。進学率が上昇するにともない，上級学校に進学するか否か（大卒／高卒といったタテの学歴）もさることながら，どの学校に進学するかという学校歴（ヨコの学歴）がクローズアップされた。そうした中，1960年代半ばから，受験校の決定を効果的に方向づける情報として偏差値が登場した。偏差値の導入に大きく関わった公立中学校教員の桑田（1976）は次のように述べている。

　　何としてでも，その学校の合格・不合格を決めるボーダーラインの位置が
　　正確に知りたかった。それさえわかれば，少しむずかしいからと一ランク
　　落としている生徒でも，自信をもって日比谷を勧められるかもしれないの
　　である。かといって，私のカンのみに頼って受けさせて，もし失敗した場
　　合は…と考えると，電車に乗っていても落ち着いて座席などには坐ってい
　　られないような気持ちであった。　　　　　　　　　　　　（桑田 1976：67）

　このように，進学指導に携わる教師にとって，生徒の合否の予測可能性を高め，生徒の希望に沿った進学指導を行うことが待ち望まれていたのであり，桑田自身，偏差値の教育的・効果的な使い方を望んでいた。しかも桑田（1976）は，進学指導場面で生徒の志望校と合格可能校が違った場合，生徒の希望を優先すると断言している。それは，子ども社会における「座」への配慮，すなわち生徒集団内の地位関係や面子の重視によるものである。こうした教育的意図・配慮を土台に導入された偏差値は，ベビーブームや進学希望者の増加を背景とする受験産業へのコンピュータ導入，浪人生問題への教育的配慮という後ろ盾を得て社会的に浸透していくのである（中村 2011）。

　なお，この時期（1970年代半ば）には，教育の大衆的拡大を基盤に大衆社会が形成され，社会階層間の格差がありながらも，メリトクラシー（業績主義）

の価値が大衆に広く行きわたっている（「大衆教育社会」の完成）（苅谷 1995）。

③ 1975〜90年

1975年以降は18歳人口が増加し，高校進学率は90％を超えたが，大学進学率は30％台を頭打ちの状態で推移している。この時期の受験の特徴として，久冨（1993）は「閉じられた競争」と表現しており，この「閉じられた」にも2つの意味をもたせている。一つは，いくら競争が激化しても間口が広がらない，言い換えると，競争激化の勢いほど大学数は増えず，その結果，受験生が限られたパイ（定員枠）を奪い合うという意味である。そしてもう一つは，競争が中高生の意識構造に浸透し逃れられない状況にあるという意味である。

「開かれた競争」期を経て教育機会が拡大してもなお激しい受験競争がつづく状況をうけて，社会的経済的地位の獲得の手段，すなわち学歴の機能的価値（地位達成機能）の点だけで受験競争の理由を論じることは難しく，学歴の象徴的価値（地位表示機能）に対する要求が背景にあると指摘する研究も登場する（天野 1983，竹内 1995）。

入試制度上は，大学入試で共通一次試験（1979〜89年）が実施されていたほか，高校入試を含め大きな改革はみられない時期である。しかし，受験競争は着実に社会のなかに浸透し，その弊害も問題視されている。たとえば，学習塾通いが社会問題とされ，文部省が初めて実施した1976年の実態調査では38％だった塾通いの中学生が，1985年調査では44.5％にまで増加していると指摘されている。他方，竹内（1991）は，偏差値による合否判断がひろく普及したことで，受験生はかつての努力や勤勉の受験的生活世界の物語に冷ややかになり，受験を戦略ゲームとして捉えるようになったという。受験前にすでに偏差値による事前選抜を経て，「柄相応」の学校へとクーリング・ダウンするのである。

また山村（1989）は，子ども社会のあり方を表現した言葉として「受験体制」という語を用い，「より有利な学校への進学を目指して，子どもたちの生活が全体として，受験のための勉強を中心にして早くから組織化され，体制化される事態」と定義づけている（山村 1989：8）。そのうえで，受験体制を出現させる特有の要因として，日本的集団主義の文化を挙げている。つまり，受

験競争は個人間の競争ではなくなり，集団的・社会的性格を帯びるため，家族ぐるみ，学校ぐるみの競争になるだけでなく，さらには地域ぐるみから受験産業やマス・メディアも巻き込んだ全社会的な営みになるのである。

　この点から考えると，まさにこの時期，学校外教育投資（通塾）をする家庭が増え，受験予備校主催の模擬試験で偏差値を把握し，それに基づいた受験指導が学校で行われ，合格者は学校別に雑誌等に掲載され，学校の進学実績とされた。60年代半ば以降の偏差値教育，それを支える受験産業の台頭など，まさに個人間の競争にとどまらない「受験体制」が強化された時期だと言えよう。とりわけ1980年代は，学校での行き過ぎた受験指導が「管理教育」と批判されたことにより「受験」が学校の外部へと追いやられ，予備校や塾などの受験産業が「受験体制」を大きく支えていたのである（山田 2004）。

2　1990年以降の受験競争

　1990年代に入ると，1992年の205万人を境に18歳人口が減少に転じる一方，大学設置基準が大綱化され，四年制に改組する短大もあって大学数が増加し，間口は広がった。大学進学率は1993年に40％台，2005年には50％台に突入しており，マス段階からユニバーサル段階（トロウ・モデル）にまで成熟している。まさに「閉じられた競争」の意味の一つ（いくら競争しても間口は広がらない）が解除された時期である。

　また，日本的集団主義的な文化に支えられ，受験産業を巻き込んで受験競争が展開されてきたなか，1993年2月，文部省通知「高等学校の入学者選抜について」では，業者テストによる偏差値に依存しない進路指導が求められた。偏差値に頼るのではなく，学校の教育活動全体を通じて把握した生徒の能力や適性，興味・関心に基づいた進路指導の充実が要求されたのである。

　こうした通達と時期を同じくするのが受験制度上の変化である。この時期，学力一斉試験として，共通一次試験（1979〜89年）に代わって大学入試センター試験（1990年〜）が導入されたが，特にAO（アドミッション・オフィス）入試や推薦入学制度など，特別選抜制度が広く定着したことのインパクト

は大きい。このうち推薦入学制度は80年代に私立大学を中心に増加し、大学入学者に占める割合も私立大学では1980年に25％、90年に35％を占めるに至っている。この定着理由として、中村（2011）はベビーブームによる教育拡大の圧力を背景としたマス選抜の論理（＝試験地獄緩和の主張）を挙げている。

他方、高校受験に目を移すと、この時期のトピックとして２点挙げておきたい。一つは、総合学科や中等教育学校の出現にみられる教育課程の多様化・弾力化であり、もう一つは、少子化に伴う学校の統廃合、地方教育行政組織法の改正（2001年）による公立高校の学区設置義務廃止、学校選択制度の導入などによって生じる選択幅の拡大・縮小である。このうち後者は、とりわけ教育の市場化の問題とリンクし、各学校の特色づくりをうながすロジックと結びついた。山田（2004）は、その特色ある魅力の一つとして、きめ細かい受験指導を予備校から学校へ取り戻そうという動きがあったと指摘する。

90年代以降の受験競争をたどると、少子化に転じて間口が広がった分、「閉じられ」ていた競争が「緩和され」た面がみられる。それは、単に間口が広がったというだけでなく、AO入試や推薦入学制度の定着によって「選抜に揺らぎやランダム性」（竹内 1995：245）が与えられ、合否の確実性が緩んだという側面をもつ。こうした受験方法の変化、偏差値に依存しない進路指導（文部省通達）、市場原理に後押しされた特色づくりのニーズ（特色の一つとしての受験指導）をうけ、その緩んだ合否の確実性をアップさせるために学校が進路指導にかかる要素の大部分を抱え込むことになったのである。

しかも、受験方法が多様化し受験レースが長期化・分散化すると、たとえば学級内に、推薦入試等ですでに合格通知を得た生徒と２月３月まで受験を控える生徒が混在する状況が際立ち、学校教育活動に支障が生じかねなくなる。こうした支障を回避すべく「受験は団体戦」という言説がとりわけ進学校で用いられる。倉元（2013）は、この「受験は団体戦」という言説について、「大学入試を利用した集団形成による生徒の人格陶冶」をねらっていると指摘する。進学指導場面におけるこの言説がいつ頃登場するのかは不明だが、「クラスの雰囲気」を重要視し、「集団形成が極めて大切な価値として認められているから」こそ、「『入試が多様化し、受験生が個人に解体されていく』ほど、ある意

味皮肉なことに，それに対するカウンターアクションとして『受験は団体戦』化していく」(倉元 2013：232)。日本的集団主義の文化を土台に，集団形成という教育的価値で「受験体制」を支えているのである。

3 地方新聞投書にみる受験生の心性

　昭和40年代を境に質的に変化した受験的生活世界は，とりわけ1990年代以降の受験制度の多様化を受けて，ますますその生活世界を多様化させていることだろう。その受験生の生活世界を捉えるうえで，高校の入学難易度や学科による違いは看過できない。しかし本節では，時系列的な変化に注目し，1980年代から続く地方新聞の投書欄を試行的に分析する。元森(2009)は『毎日中学生新聞』の投書欄をもとに，子どもや教育に対する中学生の語りを分析しているが，本節では地方新聞に毎日掲載される若者の意見交換コーナーに着目し，当時の中高生の受験観や受験生活に迫るのである[2]。編集デスクによる掲載判断が介在するものの，地方在住の中高生の主張・相談等を継時的に比較できる情報源である。

　ここでは，1985年・1995年・2005年という10年間隔の3か年を取り上げ，高校受験・大学受験の双方に注目する。イラスト・詩を除いた投書数は1985年：1,266件，1995年：1,027件，2005年：1,146件で，このうち受験に関連する投書は1985年で10％程度みられたものの，1995年・2005年では7％前後であった。どの年代にも，効果的な受験勉強の方法，志望校選び，恋愛と受験の両立に関する相談やアドバイスがみられるが，いくらか異なる特徴が見出される。

(1) 年代間の比較
① 受験戦争下における受験体制批判：1985年
　1985年の投書にのみ「受験戦争」という語が登場しており，他の受験生との競争を意識した内容が散見される。たとえば，「友達からも，ひきはなされるようで…」(85.9.30)，「私のクラスの友達は，みんなすごい量の問題集をもっている」(85.11.8)，「みんなが必死に勉強してるのを見ると，よけいにあせっ

てしまいます」(85.11.23) といった内容のほか,「毎日夜おそくまで受験勉強をしていながら,友達には全然やっていないといったり,……相手を油断させたり…」(85.1.27) のように,まさに疑心暗鬼な受験生の心情が吐露されている。

「努力を怠り,楽な方楽な方へと逃げてきた愚か者」(85.11.27),「とにかく一番大切なのは精神力」(85.12.25),「この受験戦争は私にとって,時間の大切さ,その他がんばることの価値,自分との戦いに敗れた者の惨めさなど,いろいろなことを教えてくれました」(85.3.18) など,忍耐や努力,禁欲的受験勉強を是とする受験経験者の語りもみられる。

その反面,受験制度や受験体制に対する批判もみられる。たとえば,「特性をのばし個性を生かす,という点に,共通1次は明らかに反している」(85.1.15),「必要科目だけすればそれでいいのですか？ 偏った人間になってしまうと思います」(85.11.13),「伝統ある進学校に入学しました。……この学校の先生方は,とにかく勉強さえできれば良いというお考えです」(85.11.10) などである。1995年には,「あいまいな内申書の判断基準」(95.4.24) や「高校入試の面接は公平に」(95.3.15) のように,学力試験以外にも批判の目が向けられている。

そうした批判は,受験競争に参戦する自分たち世代にも向けられる。「他人のことはほっとけという世の中,勉強と自分の得することしか一生懸命にならない自分たちの世代。寂しくないですか」(85.11.29),「名前中心に大学を決めて,センター試験の結果で行ける学部を選んで,これでいいんでしょうか」(95.3.31) などである。

② 受験レースにおけるゴールの変化

1980年代では,高校受験を控えた中3生が「おちこぼれにならないように,私たちにとって最初の登竜門を立派に通り過ぎましょう」(85.9.21) と語り,「今のうち（引用者注：中2）からきちんと勉強していれば,良い高校,大学に進学できやすく,よい仕事にもつける」(85.2.25),「勉強は良い職業に就くため」(85.5.31),「大学進学の最大目的はいい職業に就くため──？」(85.5.25)

という学歴価値への言及もみられる。志望校に進学できなかった高校生は「同じ失敗を2度くり返さないよう，大学受験のため，こつこつがんばって」(85.10.22) おり，このほかにも，県立高校入試で失敗し私立高校や職業高校に通う生徒からは，後悔の念と大学進学への決意表明が示されている。

　この時期，「いい高校，いい大学，いい職業」という刺激言説の受け止め方に揺らぎがみられるものの，受験生は忍耐や努力を武器に受験戦争を戦い抜こうとしている。言い換えると，「大学入試という大きな目標」(85.3.23) を目指すレースに参戦しているのであり，そこでは受験合格が目的視されている。

　それにくらべ2005年の投書では，「将来やりたいことがはっきりしていない場合は短大へ進んで，やりたいことを見つければいい」(05.8.9)，「体験入学でやりたいことも見えてきた」(05.8.20)，「自分のやりたいことのできる高校を選択することが，自分の未来を切り開くためには一番大切」(05.11.15) というように，「やりたいこと」が語りの中心となってくる。受験への意気込みや怨念は影をひそめ，キャリア教育の充実が政策的に叫ばれるさなか，「やりたいこと」達成のための手段として受験が語られるのである。

③ 推薦入試の位置づけの変化

　1985年には皆無だった推薦入試への言及は，1995年において，安易な選択への自責として見出される。「ただ一般入試を受けなくていいという魅力だけで何の目的もなく，プライドもなく受け，高校に入りました。……推薦で入ったことが重荷となり，毎日後悔ばかりの日が続きます」(95.2.21)，「将来の夢は決まっているのですが，推薦希望を出したのは『楽だから』『勉強しなくていいから』といった理由でした」(95.3.3) などである。高校進学において推薦入試が傍系であるという認識をもち，うしろめたさを感じている。

　他方，2005年の投書からは，「推薦入試＝楽」を甘受しながらもうしろめたさはトーンダウンしている。たとえばスポーツ推薦に関して，「表面的には試験を受けなくていいので楽かもしれませんが，中学3年間を通して見ると，部活などを人の何倍も頑張ってきた」(05.3.6) 相応の対価だと位置付けている。また，「部活に入っていないと推薦は厳しいのでしょうか」(05.4.26) という高

2生の相談には,「それは噂」(05.5.3)で「部活だけがアピール要素ではない」(05.5.8),そもそも「大学推薦で最も重要視されるのは,ズバリ学力」(05.5.29)という意見が寄せられている。推薦入試の後ろ暗さはやわらぎ,受験方法として定着した推薦入試をいかに戦略的に利用するか,その対策について意見が交わされるのである。

④ 団体戦の一員

　学級内の人間関係とからめた語りとしては,たとえば「私たち就職生はもう大部分の人が内定ということで……わいわい騒いだりすることが多くて,あっ勉強の邪魔になるとか思って気をつけている」(85.11.20),「就職の人たちは,進路も決まり,うれしくてホッとしているのは分かります。しかし,私たち進学者の気持ちも考えてほしい」(05.10.12),「推薦入試は楽なように見えますが,一般入試を受けるみんなの雰囲気を乱さないようにとか……考えることもいっぱいです」(05.2.26)などが挙げられる。このほか,「10月に推薦で私立大学に決めました。……いざ決めると友達に申し訳なくなりました。一緒に頑張ろうと言い合ったのに先に決めてしまった私」(05.1.16)は,学級集団というより,特定の友人関係上の居心地の悪さが悩みとなっている。

　だが,こうした相談に対して,中高生からの意見は掲載に至っていない。クラスの雰囲気に配慮する善意ある相談だけあって批判の対象にもならないが,かといって受験生の共感も得にくい意見なのだろう。受験生にとって「受験は団体戦」ではなく,あくまでも個人戦としての位置づけが大きいのである。ただ,これらの語りが2005年の投書に多くみられるのは,受験レースの長期化・分散化のなか,学校・教師の「団体戦」言説が教育的価値を増大させたことの表れかもしれない。

（2）少子化における地方の受験競争

　竹内(1991)は,当時の受験競争について,(Ⅰ)努力から戦略へ,(Ⅱ)ひたすらな加熱から柄相応競争へ,(Ⅲ)学歴の意味の低減という3つの変化を見出している(竹内 1991：194)。前項での比較をふまえると,少子化における

地方の受験競争は，今ではさらに複雑な変化を遂げたと考えられる。

一つは，学校階層構造に対する中高生の意識についてである。1980年代には，県立普通科の進学校を上位とする学校階層構造のもと，下位の高校へ進学した生徒から後悔の声が聞かれたが，これはひとえに，中高生自身も学力ベースの学校階層構造をイメージしていたからに他ならない。だが90年代以降，自分は「やりたいこと」のために私立高校を希望しているが，親や祖父母から反対されているという相談が複数みられる。生徒は「自分のやりたいことができる高校」を頂点に学校階層構造を捉え，そのためおとなのイメージと齟齬をきたしうる。自己の低学力や勉強不足の逃げ口上という側面もあるが，「学歴」よりも「やりたいこと」が台頭してきたとも言えよう。

そうして見つけた志望校に入学するため，推薦入試か一般入試か，生徒は自分の学力と照らし合わせ，自分の手が届く範囲の受験方法を選択することになる。志望校選びもさることながら，受験方法選びにまで「柄相応主義」がひろがっているのである。高校階層構造下位の高校ほど推薦入学を利用しているという中村（2011）の知見もこの証左と言えよう。

その柄相応な受験方法に即して，学校生活をいかに過ごすか（推薦入試の場合，部活や資格取得などどこに力を入れるか）戦略を立てる中高生。「緩和された競争」のなか，合否の確実性をあげるべく多様な手立てが講じられているのである。

注
1）高校進学率は「高等学校の通信制課程（本科）への進学者を除く」数値を，大学進学率は「大学（学部）・短期大学（本科）への進学率（過年度高卒者等を含む）」の数値を示している（以下同様）。
2）この投書欄は，1981年6月からスタートしており，当初は不定期掲載で実名投稿もみられたが，毎日掲載の匿名による投書欄として30年以上定着し，同調や反対の意見が交わされる。投稿に年齢規定はなく，小学生や大学生も若干みられるが，中高生が大半を占め，基本的に十代の交流の場と認識されている。投書は，文章，詩，イラストに分かれており，文章の部分抜粋が「編集デスク欄」に掲載されることもあるが，全文掲載の投書のみを分析対象とした。

参考文献

天野郁夫（1983）「教育の地位表示機能について」『教育社会学研究』38，東洋館出版社：44-49.

天野郁夫（2013）『高等教育の時代（下）――大衆化大学の原像』中公叢書.

苅谷剛彦（1995）『大衆教育社会のゆくえ――学歴主義と平等神話の戦後史』中公新書.

倉元直樹（2013）「総括と展望――「受験は団体戦」の意味」東北大学高等教育開発推進センター編『大学入試と高校現場――進学指導の教育的意義』東北大学出版会：227-234.

桑田昭三（1976）『偏差値の秘密』徳間書店.

竹内洋（1991）『立志・苦学・出世――受験生の社会史』講談社現代新書.

竹内洋（1995）『日本のメリトクラシー――構造と心性』東京大学出版会.

中村高康（2011）『大衆化とメリトクラシー――教育選抜をめぐる試験と推薦のパラドクス』東京大学出版会.

久冨善之（1993）『競争の教育――なぜ受験競争はかくも激化するのか』労働旬報社.

広田照幸（1999）『日本人のしつけは衰退したか』講談社現代新書.

元森絵里子（2009）『「子ども」語りの社会学――近現代日本における教育言説の歴史』勁草書房.

山田浩之（2004）『マンガが語る教師像――教育社会学が読み解く熱血のゆくえ』昭和堂.

山田昌弘（1997）「援助を惜しまない親たち」宮本みちこ・岩上真珠・山田昌弘『未婚化社会の親子関係』有斐閣：73-96.

山村賢明（1989）「現代日本の家族と教育」『教育社会学研究』44，東洋館出版社：5-27.

（作田良三）

第8章

「学校化」する大学と「生徒化」する学生

　一昔前の大学生といえば，遊んでばかりで勉強しないというイメージが一般的であった。パチンコ，麻雀，アルバイト，飲酒やコンパなどが生活の中心で，授業や勉強とはほとんど無縁の「不まじめ」で怠惰な学生生活を送っているというものである。しかし，いつの頃からだろうか，キャンパスに学生が戻ってくるようになった。学生たちは授業への出席を重視し，私語もせず「まじめ」に授業を聞いているのである。

　大学生が「まじめ」になった，このような変化は一体何を意味しているのだろうか。本章では，なぜ大学生が「まじめ」になったのか，その背景を明らかにするとともに，大学生の「まじめ」さの本質について，調査データ等をもとに解明したいと考える。そして，「まじめ」化の裏で進行している，大学の「学校化」，学生の「生徒化」という現象を取り上げ，それらがはらむ問題について検討を行いたい。

1　「まじめ」な大学生

（1）学業を優先する大学生

　大学生が「まじめ」になったという話をよく耳にする。特に，近年数多く実施されている学生調査において，授業への出席率が上昇している，授業や学習に対する意識が高くなっているなど，大学生の「まじめ」さが指摘されるようになった。武内編（2009）は継続的に行ってきた学生調査の結果を比較し，1997年から2007年の10年間で授業への出席率（「80％以上」）が上昇し[1]，授業に熱心に取り組む学生が増えていることを指摘している。

　同様のことは，大学生の学習行動と学習意識を示した図8-1からも確認できる[2]。「授業はできるだけ休まないようにしている」と答えた学生は76.5％（「とてもあてはまる」＋「少しあてはまる」，以下同様。）と多く，8割近くの

第2部　子どもと社会

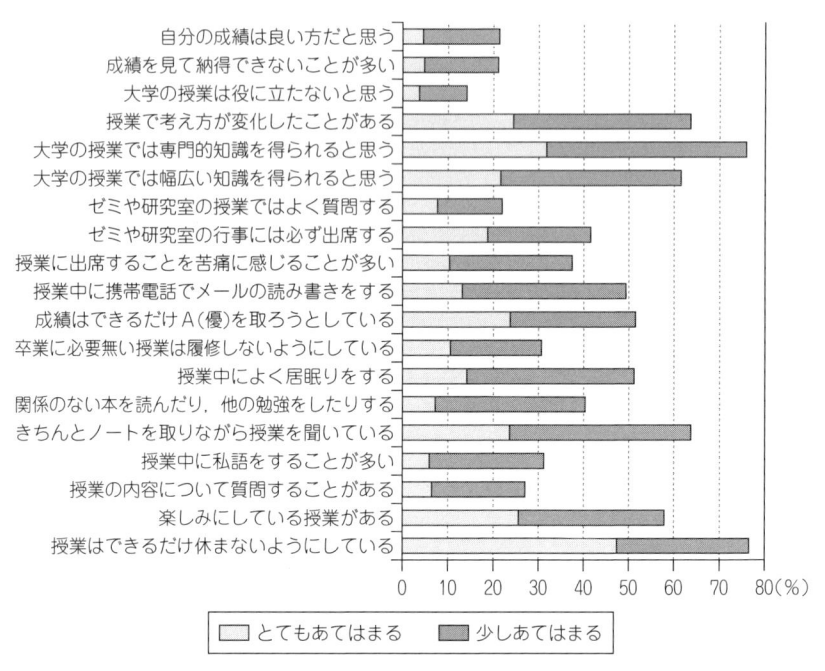

図8-1　大学生の学習行動と学習意識

出所：「大学生の学習経験・生活に関する調査」

　学生は授業への出席を重視していることがわかる。また，図8-1からは大学の授業に対する肯定的な回答が多いことも確認できよう。「大学の授業では専門的知識を得られると思う」(75.9%)，「授業で考え方が変化したことがある」(63.7%)，「大学の授業では幅広い知識を得られると思う」(61.6%)と回答した学生は多く，反対に「大学の授業は役に立たないと思う」(14.1%)と回答した学生はとても少ない。多くの学生は，授業を新たな知識の獲得や知的刺激を受けることのできる場所として高く評価しているようだ。それに加えて，学生の受講態度も非常にまじめである。6割以上の学生が「きちんとノートを取りながら授業を聞いている」と回答しており，「授業中に私語をすることが多い」，「関係の無い本を読んだり，他の勉強をしたりする」ような学生は3～4割程度にとどまっている。特に，「とてもあてはまる」と回答した学生は1割未満と，不まじめな態度を示す学生は少ないことがわかる。

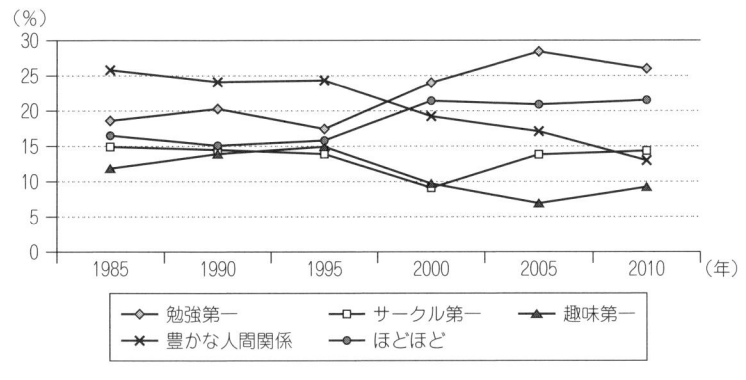

図8-2 大学生活の重点の推移

出所:全国大学生活協同組合連合会『学生の消費生活に関する実態調査報告書』1995年,2010年版より作成。

　一昔前の大学生といえば,遊んでばかりで勉強しないというイメージが一般的であった。大学も勉強をする所というよりも青春を謳歌する場所だと認識されており,大学は「レジャーランド」と揶揄されることもあった。しかし,ここで取り上げた学生調査の結果からは,遊んでばかりで勉強しない不まじめな学生の姿は想像できない。想像できるのは,むしろ学業を優先し「まじめ」に大学生活を送っている学生の姿である。

(2) 就職状況の悪化と学生の「まじめ」化

　学生が「まじめ」になった,このような変化はいつ頃生じたのだろうか。それがよくわかるのが全国大学生協によって毎年実施されている「大学生の消費生活に関する実態調査」である。図8-2は,「大学生活の重点」が1985年から2010年にかけてどのように変わってきたのか示したものである。1985年から1995年までは,大学生活の重点として「豊かな人間関係」を挙げる者がもっとも多かった。「勉強第一」は2番手に位置し,「サークル第一」や「趣味第一」が僅差でそれに続いていた。この時期は,たくさんの友人を作り大学生活を謳歌する,すなわち「遊び」を優先させる学生が多かったと言える。
　しかし1995年以降状況が少し変わってくる。2000年調査では長らくトップに君臨していた「豊かな人間関係」がその座を明け渡し,「勉強第一」がトップ

に躍り出た。「勉強第一」はその後もトップの座をキープしているが,「豊かな人間関係」を挙げる学生は減少し続けていることがわかる。同様に「サークル第一」や「趣味第一」も減少しており,「遊び」よりも「学業」を優先させる学生が増えているのがわかる。

　このような学生の変化をうながしたのが,バブル経済崩壊による経済不況とそれに伴う就職難である。1991年に81.3％と戦後最高水準を記録した大学生の就職率は,バブル崩壊後一貫して減少し続け,2003年には55.1％と戦後のワースト記録を更新した。その後の10年間は,若干の景気回復などもあり,2013年には67.3％まで回復するが,それでもバブル期の水準には戻っていない。

　岩田(2011)は,「1990年代前半から2005年辺りまでの時期は,就職状況悪化のもとで,大学生活費支出のみならず,意識面からみても,学生は趣味やサークルを含めた遊び文化から撤退を開始し,勉強文化に向かう傾向が強まっていった」(岩田 2011：39-40)と指摘する。学生たちは少しでも就職活動を有利に運ぶために,優れた学業成績を挙げたり,各種資格の取得のために努力したりと,学業に「まじめ」に取り組むようになったのである。

(3) 大学教育改革の進展と学生の「まじめ」化

　経済不況と就職難に加え,1990年代以降急速に進展した大学教育改革も学生の「まじめ」化を後押しした。そのことについて述べる前に,まずこの時期の大学教育改革がどのようなものだったのか簡単に説明したい。

　1990年より前の,1970年代後半から80年代頃,大学進学率は36～37％で推移していた。マーチン・トロウ(Trow, Martin)の「高等教育の発展段階」に照らすとマス段階[3]にあった。天野(2006)によると,この時期,日本の大学はマス化特有のさまざまな問題に直面したという。「数の増加した学生たちの価値観,進学動機,職業的展望,学力,学習意欲などは変化すると同時に多様化し,大学と大学教員にそうした変化と多様化への対応努力を要求するようになった」(天野 2006：40)のである。

　そうした変化と多様化へ対応するために,入学者選抜の制度や方法の改善,カリキュラムの編成,教授法の改善などの検討が始まった。特に,1991年に出

された大学教育審議会の答申「大学教育の改善について」は学部教育を中心とした大学改革の進展に大きな役割を果たすことになった。この答申に基づき，教育課程の自由な編成，FD（ファカルティ・ディベロップメント）の制度化，学生による授業評価の実施，TA（ティーチング・アシスタント）制の導入，セメスター制の採用などが実行に移されたのである。

学生層の変化――大学の大衆化――への対応策として始まった大学教育改革であるが，それは同時に，大学内外で起こっていた別の変化への対応策でもあった。その変化とは，学問体系の変化や専門分化と研究の高度化，経済のグローバル化や情報化の進展がもたらした産業構造や職業構造の変化などである（天野 2006）。

さまざまな変化への対応策として始まった大学教育改革であるが，これらは「大学が教育の質を本格的に追求しようとしはじめた点に大きな特徴がある」（溝上 2002：32）。たとえば，教育課程の自由編成などは学生にとって魅力的な学部・学科を創設することにつながっているし，FDや授業評価などは，「つまらない」授業を改善し，魅力的な授業の開発につなげる試みである。大学は，「学生」に目を向けるようになり，これまで疎かにしていた「教育」に力を入れるようになった。

こうした大学の変化は，学生の意識や態度の変化も引き起こした。最も顕著な例が，出席管理と成績評価の厳格化である。出席と成績が厳格に管理されることで，学生は授業に出席せざるをえなくなり，「まじめ」に授業を聞かなければならなくなった。FDや授業評価が標榜している魅力的な授業の開発も，学生を授業に引きつけるための方策のひとつだと言える。大学が「教育」に力を入れることによって，学生は大学に呼び戻される，あるいは授業に縛りつけられるようになったのである。

このように「大学が教育重視を標榜するようになった影響で，1990年代前半以降，学生文化が遊びから勉強へと大きな転換を余儀なくされた可能性も存在する」（岩田 2011：41）。つまり，近年指摘される学生の「まじめ」化は，出席管理や成績評価の厳格化のような「外発的要因」（同上）によって引き起こされた現象であるとみなすこともできる。

2　「まじめ」の意味と大学の「学校化」

　大学生の「まじめ」化は，経済不況に伴う大学生の就職難と，それとほぼ同時に進行した大学教育改革によって，引き起こされた現象である。たしかに「外発的な要因」によるところが大きいが，大学生が「遊び」から離脱し「学業」に回帰したことは，大学関係者にとって望ましいことであろう。しかし，この「まじめ」さを紐解いていくと，現在の「まじめ」な「勉強文化」に潜む問題が垣間見えてくる。それが大学の「学校化」および学生の「生徒化」という問題である。

(1)「まじめ」さの実態

　第1節で示したように，授業の出席率は上昇し，学生は授業を肯定的に評価している。しかし，授業への参加に着目すると，かれらは非常に消極的な参加しかしていない。再び図8-1に目を向けてほしい。「授業の内容について質問することがある」学生は「とてもあてはまる」と「ある程度あてはまる」をあわせても3割にも満たない。さらに，授業よりも小規模なゼミや研究室の授業——大規模な授業とは異なり発言しやすい——でさえ，学生は質問しようとはしていない。「ゼミや研究室の授業ではよく質問する」と回答した者は2割程度である。

　学生たちはとても「まじめ」に授業を受けているようだが，授業中に質問や発言をすることはなく，授業（あるいは教員）に積極的に関わろうとはしていない。ただ座って話を聞いているだけで，自ら知識を獲得しようする姿勢は読み取れない。多くの学生たちは，教員から一方的に知識を与えられるだけの，受動的な学習スタイルをとっていることがわかる。

　こうした受動的な学習スタイルは授業以外での学習行動からも確認できる。表8-1は1週間の活動時間の平均を示しているが，授業以外の学習に従事する時間がとても少ない。宿題や予習・復習といった「授業に関連する学習」に従事する時間は1週間で3.8時間，1日に換算すると約30分である。さらに，

表8-1　1週間の活動時間

	授業・実験への出席	授業に関連する学習	授業とは関係のない学習	サークル・クラブ活動	アルバイト・仕事
一週間平均（時間）	24.0	3.8	2.0	3.0	8.8

出典：「大学生の学習経験・生活に関する調査」

　資格取得など「授業とは関係の無い学習」に従事する時間は1週間で約2時間，1日に換算すると20分弱になる。これら2つを合わせても1日あたり50分程度で，授業以外で自主的に学習するようなことがほとんどないことがわかる。
　以上のような調査結果を踏まえると，学生たちは，確かに「まじめ」ではあるが，それは与えられることに対して「まじめ」なのであって，自らの意志で「まじめ」に何かを獲得（あるいは追求）しようとはしていないようだ。授業で与えられる知識のみを重視し，自ら知識を獲得しようとしていないのである。かれらにとって大学での学習は授業で与えられる知識を覚えることなのだろう。だからこそ「まじめ」に授業に出席し，専門的な知識などが得られる場として授業を高く評価するのである。主体的な学習ではなく受動的な学習，それが近年の大学生にみられる「まじめ」さの実態である。
　そもそも大学とは，既存の価値を批判的に吟味し新しい価値を創造する機関である。既存の価値を受け入れるだけでは社会の発展は望めず，新たな価値が常に創造されなければならない。学生も同様に，既存の価値を批判的に吟味し，新しい価値の創造につながるような資質を身につけることが求められる。もちろん授業に対しても，批判的な意識で臨むことが求められるのだが，実際は真逆の様相をみせている。

（2）大学の「学校化」

　以上のように近年の大学生の学習行動の本質は受動的な「まじめ」さである。特に，課題意識をもつことなく授業で与えられる知識のみを重視するような学習スタイルは，教科書の内容を教師が伝え，学習者は伝えられた内容を理解するような中学・高校までの学習スタイルにとても近い。本来，大学ではそうした受動的な学びは否定され，学習者の主体性が尊重されてきた。

大学生の学習スタイルの変化について近年指摘されるのが大学の「学校化」である。「学校化」という用語は，イヴァン・イリイチ（Illichi, Ivan）によって広められた。イリイチは，「学校化」について次のように論じている。

> 　学校などの近代の制度は，目的を実現するための過程と目的とを混同させる論理を用意する。それは，手をかければかけるほど，良い結果が得られるとか，段階的に増やしていけばいつか成功するといった論理である。このような論理で「学校化」(schooling) されると，生徒は教授されることと学習することとを混同するようになる。進級することはそれだけ教育を受けたことだと，免状を貰えばそれだけ能力があることだと，よどみなく話せれば何か新しいことをいう能力があることだと取り違えるようになる。
> 　　　　　　　　　　　　　　　　　　　　　（イリイチ 1977：13-14）

　授業を重視し，そこで与えられる知識のみを重視するという学生の学習行動は，まさに「教授されることと学習することの混同」である。「大学は学生が主体的に学習する場ではなく，大学が学生を教授し，学生はそれを受容する場」（山田 2010：38）へと変貌を遂げており，中等教育段階の学校とほとんど変わらない。

　田中（2002, 2003）は，これまでの大学は近代学校からの偏差によって定義できていたと指摘し，大学の特性を，次の3点にまとめている。すなわち，①教育によって伝達されるべき知識はできあいの所与ではなく研究による生成途上にあり，カリキュラムをできあいの知識の体系として整序することは困難である，②青年以上の年齢にある学生に対して教師の取りうる関係は，非対称的な統制関係ではなく，むしろ相互に近接する，③初等・中等教育に比べれば，時間と空間の統制も最小限度である，というものだ。今日の大学はこのような特性を徐々に失い，中等教育段階の学校に近づいているのである。

（3）大学教育改革と「学校化」

　こうした大学の「学校化」という現象は，1990年代以降の大学教育改革とパ

ラレルに進行している。前節でも述べたように，大学教育改革は進学率上昇に伴う学生の多様化，大学の大衆化に対応するために進められてきた。その流れの中で取り入れられてきた，セメスター制，カリキュラムの整備，シラバス，授業法開発，厳格な成績評価，授業評価・教育評価，FD などの多くは，「大学の教育組織を効率化・システム化し，結局のところ学校化しようとする動き」である（田中 2003：4）。

　その一方で田中（2002, 2003）は，現在の大学は「学校化」と「脱学校化」がせめぎ合う場所であると指摘する。授業改革を例にとると，近年教員が学生集団に一方的に知識を伝達する講義形式の授業から，ディスカッションやグループワークを取り入れた学生主体・参画型授業への変革が求められている。こうした動きには，大学教育の学校教育機関としての整備（学校化）が求められる場合と，学習の共同性ないし相互性（脱学校化[4]）が求められるという2つの側面がある。

　しかし，「学校化」と「脱学校化」のせめぎ合いもやはり「学校化」という大きな潮流の中での部分的な動きである。佐藤（2014）は「『脱学校化』の事例の大部分は，広い意味での『学校化』に従属している」と述べ，特に学生の参加意欲を促すために学習の共同性，相互性が求められるような場合にあてはまるという。たとえば，意欲の低い学生に授業参加を促すべくグループワークやディスカッションを授業に取り入れる場合，それを効率的に進めるためには座席指定をすることが有効であると言われている。またグループワークを継続的に行わせるには，欠席をさせない工夫として欠席者にペナルティを与える場合もある。このような状況を踏まえると「現在の大学教育は，その大部分が『統制』を軸に展開されており，その中で共同性・相互性を手段として用いるものとそうでないものがある，と考える方が妥当」（佐藤 2014：17）であろう。

　学生に対する「統制」は入学直後から始まっている。近年どの大学でも実施している新入生ガイダンスや初年次教育，これらも視点を変えると学生に対する「統制」である。ガイダンスでは授業の履修方法や意義などが伝えられ，初年次教育ではレポートの書き方やノートの取り方など大学での学習の仕方が丁寧に教えられる。何もわからない学生にとって，手取り足取り教えられること

はとても親切で「役に立つ」ことである。しかしそれらは，大学での学習はこういうものだという「型」に学生をはめ込もうとする動きでもあり[5]，学生は知らず知らずに思考や行動が「統制」されていくのである。

3 「学校化」したキャンパスと学生

(1) 学生の「生徒化」

　大学の「学校化」と同時に学生の「生徒化」も進行している。学生の「生徒化」とは，学生を中等教育段階の学校に通っている生徒と同じ態度・志向性をもっている者とみなすものである。たとえば，伊藤（1999）は，「生徒化」の構成要件を，「未成熟」（自分は成熟に向かう段階の途上にある未熟者であり，学ぶことがまだ多く残っていると認識する），「他律性・依存性」（学ぶべきことは学校が用意し，教えてくれると認識する），「一面性」（自分をもっぱら生徒として位置づけ，行動するため，他の側面が希薄である）とし，それらを兼ね備えた存在が「生徒化」した学生であるという。

　学生の「生徒化」の様相は先述した大学生の「まじめ」さからもうかがえる（特に，他律性・依存性という点で）が，大学に対する認識からも「生徒化」の側面が確認できる。表8-2は1997年，2003年，2007年の3時点における大学観の変化を示したものである。4つの設問に示された大学に対する考え方について，学生たちはA，Bどちらがより自分の考えに近いか回答した。Aは「学校」的な側面を強調したもので，Bは従来の「大学」に近い。

　3時点の推移をみていくと，①以外で，Aの主張を支持する学生が増えていることがわかる。②「出席を厳しく」，③「社会に出てすぐに役に立つ知識」を支持する学生は1997年から10ポイント以上上昇し，2007年には50％を越えた。④「学生の生活と学習」についても1997年には9割以上の学生が「学生の自発性」を支持していたが，2007年には84.2％まで減少した。反対に「大学の先生は指導した方がよい」を支持する学生は，1997年の6.5％から2007年には15.8％まで増えている。

　このような一連の変化は，学生の意識が徐々に「生徒化」している様子を示

表8-2　大学生の学校観の変化（％）

		1997年	2003年	2007年
①	A．大学は学問の場であり，学生は授業や勉強を中心に生活を送るべきだ。	40.4 ＜	49.2 ＞	40.9
	B．大学は学問よりサークル，アルバイト，交友，旅行など様々な体験をする場所である。	59.6 ＞	50.8 ＜	59.1
②	A．大学での授業も出席を厳しくとるべきだ。	40.3 ＜	49.6 ＜	52.4
	B．出席が少なくても，試験やレポートがよければ，良い成績を与えるべきだ。	59.7 ＞	50.4 ＞	47.6
③	A．大学ではもっと社会に出た時に役立つ知識や技術を教えるべきだ。	39.1 ＜	46.0 ＜	51.0
	B．大学の授業は，好きなことが学べて知的刺激になればよい。	60.9 ＞	54.0 ＞	49.0
④	A．学生の生活や学習について，大学の先生は指導した方がよい。	6.5 ＜	13.5 ＜	15.8
	B．学生の生活や学習について，学生の自発性に任せたほうがよい。	93.5 ＞	86.5 ＞	84.2

出典：渡部（2006）と武内編（2009）を参考に作成。

している。特に③や④に関しては，「価値の代わりに制度によるサービスを受け入れる」（イリイチ　1977：14）ような，学生の意識・態度の変化を読み取ることができる。

（2）「学校化」したキャンパスと大学教育

「生徒化」した学生が過ごすキャンパスライフとはどのようなものだろうか。ここまでの議論を踏まえると，時間的にも環境的にも管理・統制された空間が現代の「大学」であり，そのような空間の中で，高校を卒業したばかりの未熟な若者が，教職員の手厚い支援・指導のもと他律的・受動的に学んでいるのが，現代のキャンパスライフだと言える。

　大学は，教育段階の最終段階として社会と学校をつなぎ合わせる役割を担っている。そのような視点から改めて，「学校化」，「生徒化」といった現象を見直すと，現代の大学教育は大きな矛盾をはらんでいるようだ。かつてに比べて未熟な「子ども」が入学してくるのは，時代の潮流として仕方ないことだとしても，社会と学校をつなぎ合わせる最終段階の教育機関として，かれらを社会に送り出すために「大人」にしていく（あるいは近づける）のは大学の責務

であろう。

　しかし，上述したような管理・統制された（「学校化」した）空間の中で，かれらは本当に「大人」になれるのだろうか。他律・受動的に学ぶことで，自律性や主体性は養われるのだろうか。今日の大学教育は，「子ども」を「子ども」のまま社会に送り出すシステムに変貌しているのではないだろうか。そのような疑問が湧いてくる。

　もちろん今日の大学教育や大学教育改革をすべて否定するつもりはない。グローバル経済の進展，経済不況，学力低下など，社会的な問題に大学は対応していかなければならない。大学はかつて言われていたような俗世間から隔離された象牙の塔ではありえず，社会と協調しながらその中身を変えていかなければならない。

　とはいえ，「学校化」の進行により，現在の大学が「子ども」を「子ども」のまま社会に送り出すシステムになりつつある点には注意が必要である。大学教育改革は1990年代から始まって20年余りが過ぎた。そろそろ「学校化」，「生徒化」という変化を踏まえて，現状の大学教育及び大学教育改革の中身を見直す時期に来ているのかもしれない。

注

1）武内編（2009）は，1997年，2003年，2007年の調査すべてに参加した7大学のデータを比較して，授業の出席率の上昇を指摘している。

2）図8-1は「大学生の学習経験・生活に関する調査」（研究代表者＝有本章）の結果にもとづき作成した。この調査は2007年から2008年にかけて西日本に所在する11の国公私立大学・短期大学の学生を対象に行われた。図8-1には，4年制大学の学生（3,762名）のみを対象にした結果を示している。

3）トロウによると，高等教育は同年齢人口比でみた進学率を基準に，エリート／マス／ユニバーサルの3つの段階で発展する。エリート段階は進学率が15％以内，高等教育の機会は少数者の特権であった。マス段階の進学率は15％から50％まで，高等教育の機会は相対的多数者の権利となる。進学率が50％を超えるとユニバーサル段階になり，高等教育の機会は「権利」ではなく万人の「義務」になる。高等教育の機能もエリートや指導者層の養成ではなく，産業社会に適応しうる全国民の育成になる（トロウ 1976）。

4）「臨床の場面で生きて働く臨床知を獲得させたり，科学技術の爆発的展開にコミットできる高度な創造性を育てるため」(田中 2002：102) に授業へ相互性を求めている点が，「脱学校化」の側面である。

5）皮肉なことに，こうしたガイダンスや初年次教育の場面では，「主体的な学習」が強調されることが多い。

参考文献

天野郁夫 (2006)『大学改革の社会学』玉川大学出版．

伊藤彰浩 (2013)「大学大衆化への過程——戦後日本における量的拡大と学生層の変容」濱中淳子編『大衆化する大学——学生の多様化をどうみるか』岩波書店：17-49．

伊藤茂樹 (1999)「大学生は「生徒」なのか——大衆教育社会における高等教育の対象」『駒澤大学教育学研究論集』15：85-111．

イリイチ，I.，東洋・小澤周三訳 (1977)『脱学校の社会』東京創元社．

岩田弘三 (2003)「勉強文化と遊び文化の盛衰」武内清編『キャンパスライフの今』玉川大学出版部：184-203．

岩田弘三 (2011)「キャンパス文化の変容」稲垣恭子編『教育文化を学ぶ人のために』世界思想社：26-53．

佐藤慶太 (2014)「近代的大学創設期におけるドイツの大学論と大学における市民的責任感の育成」加野芳正・葛城浩一編『高等教育における市民的責任感の育成』広島大学高等教育研究開発センター，高等教育研究叢書，125：15-31．

武内清編 (2009)『キャンパスライフと大学の教育力——14大学・学生調査の分析』平成19-21年度文部科学省研究補助金，研究成果報告書．

竹内洋 (2003)『教養主義の没落——変わりゆくエリート学生文化』中央公論新社．

田中毎実 (2002)「大学の学校化——大学教育改革の行方と教育理論」藤田英典・黒崎勲・片桐芳雄編『教育学年報』9，世織書房：95-112．

田中毎実 (2003)「大学教育とは何か」京都大学高等教育研究開発推進センター編『大学教育学』培風館：1-20．

田中毎実 (2013)「なぜ「教育」が「問題」として浮上してきたのか」広田照幸編『教育する大学——何が求められているのか』岩波書店：21-47．

トロウ，M.，天野郁夫・喜多村和之訳 (1976)『高学歴社会の大学』東京大学出版会。

溝上慎一 (2002)「戦後の大学生論」溝上慎一編『大学生論——戦後大学生論の系譜を踏まえて』ナカニシヤ出版．

第2部　子どもと社会

溝上慎一（2004）『現代大学生論——ユニバーシティ・ブルーの風に揺れる』NHK出版.
山田浩之（2010）「地方大学における学生の学習行動と学習意識——大学の学校化がもたらす学習の形骸化」『比治山大学高等教育研究』3：37-48.
渡部真（2005）「「大学の学校化」とモラトリアム」『現代のエスプリ』460：130-141.

（藤本佳奈）

第3部　子どもと文化

第9章

日本の近代化と悪戯っ子たち──近代的子ども観の再考

　近代日本の子ども観については，いろいろな取り上げ方が可能だが，少なくとも「無垢」と「野生」の2つを挙げることはできるだろう。「子どもは本来無垢である」という見方は，大正7年に創刊された児童雑誌『赤い鳥』などによって「童心」という言葉で表現され，主として都市新中間層と親和的な観念だった。これに対して「子どもは本来野生を持っている」という見方は，主として草創期の生活綴方教師たちが農民・労働者階層の子どもたちの中に見出した「原始野生」を核にして構築された。

　実をいえば，この2つの子ども観は，子どもの「無垢」を大事に守り育てるとか，「野生」をバネに子どもの発達をはかる，といった形で，「子どもをどう教育するか」という問題と直接結びついていた。だが，「子どもをどう見るか」ということが，「子どもをどう教育するか」ということといつも直接結びつくわけではないだろう。実際，子どもを描いた日本の近代小説には，「どう教育するか」といった大人のまなざしを感じさせない作品が少なくないように思われる。

　このような視点から，第二次大戦前の日本の近代小説にあらわれた子ども，とりわけ「悪戯っ子」に焦点を絞って，いくつかの作品を事例として取り上げて具体的に検討したい。そのうえで，「悪戯っ子」という言葉に含まれる「悪」の意味について考えることを本章の研究課題としたい。

　なお，原則として第二次大戦前の小説を取り上げるが，大戦後に書かれた小説でも，戦前の子どもを描いた作品は取り上げることにする（ただし，井上ひさしの『偽原始人』は，1970年代の子どもを描いた唯一の例外的な作品である）。

1 無垢と野生

　近代日本の子ども観を出版メディア，特に子ども向けの雑誌の中から取り出そうとした研究が，いくつかある。たとえば，『少年倶楽部』（大正3年創刊）を分析して「立身・英雄主義」を見いだした佐藤（1964），『赤い鳥』（大正7年創刊）を分析して「童心主義」を見いだした河原（1998），『少女の友』（明治41年創刊）を分析して「少女」という表象を見いだした今田（2007）などを挙げることができる。これらの研究は，日本の近代産業社会にあらわれた子ども観の諸潮流のいずれか一つに焦点を合わせたものと言えるだろう。

　『少年倶楽部』は「少年」たちの成功熱に応えて「立身・英雄主義」を浸透させ，『少女の友』は「少年」とは異なる「少女」という特有のイメージをつくり出した（ちなみに，ジェンダーの視点からみれば，「少年」と「少女」の対比は重要だろう）。一方，『赤い鳥』は，西欧のロマン主義的な「無垢」の観念を受け入れ，それを日本化した「童心」を強調する潮流を生み出した。この潮流は，「立身・英雄主義」が生み出す「成功」価値を重視する潮流と対立し，弱い子・優しい子・純粋な子などにみられる「童心」を重視した（河原 1998参照）。

　産業社会の発展の中で生み出された都市新中間層にとっては，「童心主義」は受け入れられやすい観念だった。だが，同時に，この新しい階層の人たちは，「学歴主義」を信奉し，さらに人格形成を重視して厳しくしつける「厳格主義」の考えをもつ人たちでもあった。広田（1999：57-58）は，大正期新中間層の教育意識を構成した「童心主義」「厳格主義」「学歴主義」の3つが互いに矛盾する心性だったと指摘している。実際，子どもの無垢を尊重する「童心主義」が，「成功」価値の重視と結びつく「学歴主義」と単純に両立するとは思えない。「童心主義」の中にある「子どもは無垢な存在だ」といった観念は功利を超えた面をもっているが，「学歴主義」はむしろ功利的である。こうしてみると，とくに大正期都市新中間層の人たちは，複数の矛盾する心性が混在する教育意識の中を生きていたのではないかと推測される。

第3部　子どもと文化

　「童心主義」に対立するもう一つの子ども観がある。それは，「野生」という言葉で表現されるものである。中内（1976：43-44）は，次のように言う。「童心主義者は，子どもの心性の本質を，大人のそれと対立するものとして捉え，歴史的時間を超えて変わらない，超社会的存在とみる。無垢で，けがれのなさにその本来のあり方をみ，そういう心性が保存されていくことをもって発達とする。（略）これに対し，草創期の綴方教師の児童観はまるで逆である。かれらは，子どもを未発達だが，大人とは本質的に同じ心性をもっているもの，つまり社会的な存在とみる。大人と同じように，ねたみや，ずるさや，残忍さをもつものとし，そうであることが子どもの本来のあり方であるとする。（略）どういう子どももどこかにもっているその原始的で野性的な部分を，教育によってなくしていくべきものとみるのではなく，逆に，教育によって生かされていくべきものであるとする。」この「野生」という観念は，農民・労働者階層の子どもたちの中に見出され，プロレタリア文学運動にもつながっていた。

　ところで，「無垢」と「野生」という子ども観は，真反対とも言える主張であるが，実は，共通点をもっていた。それは，真反対でありながらも，子ども観が教育観に直接結びつく，という特徴をもっていたことである。一方は，本来子どもは無垢だから，汚れた社会から子どもを守る教育を主張し，他方は，大人と同じようにもっている「野生」をバネに子どもを発達させる教育を主張した。しかし，子どもを教育しようとする大人のまなざしから離れたところで，子どもの姿をみることも必要だろう。本章の意図は，ここにある。

2　子供戦争と投石

　子どもたちが激しい喧嘩を行う「子供戦争」は，江戸時代から問題にされていた。明治になってからも，その勢いは衰えず，氏家（1994：107）によれば，「少年世界に横溢する力，集団化することで増幅された悪童たちの荒々しさは，〈学校〉制度の浸透など，近代化によって確実に抑圧されながらも，それでも町や村で激しくはじけ続けた。」樋口一葉の小説『たけくらべ』（1895-96）の中には，こうした「子供戦争」が描かれている。横町の子どもたちの頭である長

吉（16歳，鳶職の頭の息子）は，表町の子どもたちの中心にいる正太郎（13歳，質屋「田中屋」の息子）に悔しい思いをしてきた。長吉は，昨年も一昨年も，千束神社の祭りの日に表町の連中にやられ，仕返しをしようとして親に止められ，今年こそは横町の恥をすすぐのだ，と意気込む。そして当日殴り込みをかけるのだが，その場面を，松浦理恵子の現代語訳『たけくらべ』（河出文庫，2004）で見てみよう。

　……三五郎はいるか，ちょっと来てくれ大急ぎだと，文次という元結よりが呼ぶので，三五郎が何の疑いもなくおいしょ，よし来たと身軽に敷居を飛び越えた時，この二股野郎覚悟しろ，横町の面よごしめただでは置かぬ，誰だと思う長吉だふざけくさった真似をして後悔するなと頬骨への一撃，あっと驚いて逃げようとする襟足を，つかんで引き出すのは横町の一群れ，それ三五郎をたたき殺せ，正太を引き出してやってしまえ，弱虫逃げるな，団子屋の頓馬もただでは置かぬと潮のように沸きかえる騒ぎ，筆屋の軒の掛提燈は苦もなくたたき落とされて，釣りらんぷがあぶない店先の喧嘩はなりませぬと女房が喚くのを聞くはずもなく，人数はおよそ十四五人，捩鉢巻に大万燈を振りたてて，手当たり次第の乱暴狼藉，土足で踏み込む傍若無人，目ざす敵（かたき）の正太が見えないと，どこへ隠した，どこへ逃げた，さあ，言わぬか，言わぬか，言わずにおくものかと三五郎を取り囲んで打つやら蹴るやら，…（略）…ちょうど靴の音がして誰かが交番に知らせたものと今わかる，それっと長吉が声をかければ，丑松文次そのほかの十人あまり，めいめい方角を変えてばらばらと逃げ足の早いこと，抜け裏の路地にかがんだ者もあるに違いない，三五郎はといえば口惜しい口惜しい口惜しい口惜しい，長吉め文次め丑松め，……。

　この引用文だけでなく，この地域の祭りを描く文章を読むと，一年に一度という周期性をもつ祭りの中で，非日常的な祝祭が盛り上がるにつれて，熱狂と沸騰状態が生み出されていく様子が生々しく伝わってくる。祭りに喧嘩がつきものだったのは，共同体と共同体の間の対立や同じ共同体の内部でも主導権争

いをする集団の間の対立があって，その衝突が避けられない状況で，祭りという浄と不浄を同時に含む空間が，喧嘩を呑み込む力をもっていたからだろう。

祭りは，「日常生活で枯渇した生気や活力を取り戻す場」であるとともに，「過剰な生気や活力を消尽する場」でもあるという両義性をもっており，「過剰なエネルギーを放出する暴力」は，祭りにはつきものだった（芦田 2001：25-29）。

それにしても，上記の引用文で注目されるのは，国家権力の末端にある交番だろう。誰かが交番に知らせたとわかると，「めいめい方角を変えてばらばらと逃げ足の早いこと」とある。『たけくらべ』が雑誌『文学界』に発表されたのは，明治28-29年である。すでに明治政府は「文明開化」と「富国強兵」を推進するために風俗の改善に取り組んできていたが，風紀の取り締まりを担う交番の整備もその一環だろう。その交番の巡査につかまらないように（つまり，巡査を度外視するわけにもいかないので計算に入れて）悪知恵を働かすことも，「子供戦争」の重要な構成要素になっていた。

『たけくらべ』を読んで，もう一つ注目されるのは，この地域で学校制度の浸透，つまり「学校化」が進んできていることである。表町の正太郎は公立小学校に通っているが，横町の長吉は私立小学校である。私立に通う子どもたちは，「公立の連中から私立私立とけなされ」て不愉快な思いをしている。「私立の寝ぼけ生徒」で「わからずや（無学漢）」と自嘲する長吉からすれば，「家に金があり本人に愛嬌があるので人に憎まれないまさしく敵（かたき）」である正太郎が，勉強ができて「公立だからといって同じようにうたっている唱歌もあちら（公立）の方が本家だというふうな顔をしやがる」のが，何とも我慢ならないのである。

もう一つの小説をみてみよう。夏目漱石の『坊っちゃん』（1906）の中には，（旧制）中学校と師範学校の生徒たちの喧嘩が描かれている。祝勝会の日，式がある練兵場へ向けて各学校の生徒たちは教職員に引率されて行進するのだが，曲がり角で中学と師範の生徒が衝突する。そのときは大事にいたらなかったが，余興の行事が盛大に行われた午後，再び衝突する。「師範の方は五六十人もあろうか，中学は慥かに三割方多い。師範は制服をつけているが，中学は式後大

抵は日本服に着換えているから、敵味方はすぐわかる。」だが、「巡査だ巡査だ逃げろ逃げろ」という声がして「敵も味方も一度に引き上げてしまった」とあり、巡査は十五六名来たのだが、生徒は一人も捕まらなかった。この喧嘩もまた、「子供戦争」を引き継いだものだったと考えられる。

『坊っちゃん』の中で興味深いのは、「投石」という行為である。子どもたちが喧嘩をする場面で「投石」が描かれる近代小説は少なくないが、一体、「投石」とは何だろうか。氏家（1994：107）は、「子供戦争」について、「ずっと遡っていけば中世の印地打（石合戦）の世界に突き当たるかもしれない」と述べているが、野蛮とも言える「投石」行為は、実は、全国各地で５月の節句の時期に行われた子どもの民俗行事だったと言われる。ちなみに、中沢新一は、父の中沢厚が語った子ども時代（11, 12歳頃）の話を紹介している（中沢 2004：46-47）。

> 笛吹川（山梨県）の対岸の堤防に、万力村や正徳寺村の子供たちが、ずらりと並んでこちらをにらみつけるんだ。手にはみんな小石を握ってなあ。そして、こっちに向かって大声ではやし立てるんだ。やあい、加納岩村の連中の鼻垂れ野郎みたいな罵り言葉を浴びせてくる。そうすると堤防のこっち岸に並んだ子供たちも、それに負けじと罵り言葉で応戦する。それを何度か儀式みたいにくりかえしたあと、投石合戦がはじまるんだ。石がびゅんびゅんと飛んでくる。かわしている暇なんかないから、こっちも夢中で向こう側に思い切り石を投げつけるんだ。（略）不思議なことに、誰が命令しているわけでもないのに、しばらくすると自然と投石が止むんだな。怪我をした友だちを介抱して、それから家路につく。（略）大人たちは怪我をして血だらけになった子供を、よくやった、みたいな態度で迎え入れるんだなあ。

ここには、村と村の対立という構図がみられる。またこの投石は、５月の節句に行われる民俗行事として実際に続けられてきたのだが、小説『坊っちゃん』の場合も、中学と師範の生徒たちの衝突の中での投石は、祝勝会という祭

りの日に発生している。町や村の共同体が続く限り，子どもたちの衝突は続き，しかも，その「投石」は伝統的な儀式に規制されていた。だが，学校化，つまり，学校が制度として社会に浸透するにつれて，学校間の生徒たちの対立が喧嘩を生みながらも，そうした喧嘩も規制されるようになり，また文明化，つまり，作法やマナーの洗練は，野生的な要素を薄めていく。学校スポーツは，規制された喧嘩と薄められた野生によって成り立ったと言えるのかもしれない。

3 悪　戯

　子どもの「悪戯」を描いた小説としては，やはり『坊っちゃん』を挙げないわけにはいかない。たとえば，坊っちゃんの子どものときの話がある。

> ……いたずらは大分やった。大工の兼公と肴屋の角をつれて，茂作の人参畠をあらした事がある。人参の芽が出揃わぬ処へ藁が一面に敷いてあったから，その上で三人が半日相撲をとりつづけに取ったら，人参がみんな踏みつぶされてしまった。古川の持っている田圃の井戸を埋めて尻を持ち込まれた事もある。太い孟宗の節を抜いて，深く埋めた中から水が湧き出て，そこいらの稲に水がかかる仕掛であった。その時分はどんな仕掛か知らぬから，石や棒ぎれをぎゅうぎゅう井戸の中に押し込んで，水が出なくなったのを見届けて，うちへ帰って飯を食っていたら，古川が真赤になって怒鳴り込んで来た。慥か罰金を出して済んだ様である。

　この引用文には，坊っちゃんの無鉄砲ぶりがよくあらわれている。かつての村や町の共同体の中には，ある程度の「悪戯」は大目にみるとか，少しひどい「悪戯」だと親が子をつれて謝りに行くとか，そういう風習があったと言われる。だが，坊っちゃんの場合は，仕掛などの知識がなかったとはいえ，相当ひどいやり方にはちがいない。それにしても，「罰金を出して済んだ様である」という言葉は，商品経済の浸透が進んでいる社会状況では，「悪戯」が生んだ経済的損失は親が弁償する事態が生まれていることを示している。しかし，そ

れと同時に，経済的損失をもたらす結果を生むかもしれないのに，そんなことは〈度外視〉して「悪戯」を仕掛ける子どもの様子も示されている。つまり，子どもの「悪戯」には，所有と交換を基礎とする商品経済を多かれ少なかれ〈度外視〉してしまう要素があったと考えられる。

　ちなみに，吉本隆明は，旧制高等工業学校時代（1943年入学・17歳のとき）に体験したことについて語っている（吉本・芹沢 2005：29）。

　　　一学年の時は全寮制だったものだから，集合がかかって一部屋にみんな集まり，あみだくじをひいて，引き当ててしまった者が，近くのサクランボとか林檎とかを夜中に盗みに行くわけですよ。（略）僕らは化学分析で，これは無視できる生成物だというような場合に「ネグレクト」という言葉をよく使っていたんですが，それを「応用」して「今日はネグって来いよ」なんて言って，八百屋さんの店先や農家のサクランボの木とか林檎の木から失敬したりしました。でも，（略）損害ではあるでしょうが無視できる程度の損害です。時々見つかって追いかけられたこともありましたけれど，悪いことをしたという気はちっともしない。（略）こういう悪さは，ある意味で，幼児期からの連続性として解釈できそうですね。

　この吉本の話に対して，対談相手の芹沢俊介は，「『群れ遊び』の延長としての盗みということですね。」と応じている。当時の時代状況や旧制高校・専門学校の置かれた環境（学生さんのやることは大目にみる）などを顧慮する必要があるが，少なくとも，子どもの「群れ遊び」の中にあった盗みについては，吉本の言うことは確かに当たっているだろう。それよりも興味深いのは，引用文中の「ネグレクト」（ネグる）という言葉が，筆者の使った「度外視」とほぼ一致することである。この言葉は，「悪戯」の特徴の一つをよく示していると考えられる。

　ところで，「悪戯」といっても，種々さまざまなものがある。たとえば中勘助の『銀の匙』（前編1913）には，尋常1年のとき，授業中子どもたちが「先生，お小用にやってください」と嘘をついて教場を出て，はなれたところにある便

所の近くで甘根（地下茎や根に甘みのある山野草）を掘ったりして教場に帰るが，懐からはみだしている甘根を見つかって先生に大目玉を食う，といった「悪戯」が描かれている。

　授業中にさぼって甘根を掘り出す「悪戯」にせよ，サクランボやリンゴをネグって盗む「悪戯」にせよ，何らかの形で学校とかかわりがある点に，共通点がありそうに思われる。つまり，子どもはそもそも学校の「生徒」におさまりきらない「何か」をもっており，それは近代学校の中にその成立当初からはらまれていたと推測される。ここでいう「生徒」とは，「子どもは規則正しく学校に通い，きちんとした態度で決まった時間に授業に臨まねばならない。彼は教室では騒いだりせずにまじめに勉学に励み，また課せられた宿題はきちんと果たさねばならない」(デュルケーム 2010：255) という言葉に象徴されるような近代的な公教育によって規律・訓練 (discipline) に従うことを求められている子どもにほかならない。

　しかし，このことだけで「悪戯」のすべてが説明できるとは，必ずしも言えない。たとえば井上靖の『しろばんば』(1961) は，大正時代の初め頃の子どもを描いているが，主人公の洪作が5年生のときに起こった出来事がある。ある日，男の子たちが女の子（洪作が淡い思いを寄せる子）を落とし穴に落としていじめている場面に出くわした洪作は，その落とし穴を作った張本人である同級生の紋太と取っ組み合いの喧嘩になり，相手の顔を石で殴って怪我をさせる。洪作は祖父に連れられて紋太の家に謝りに行くのだが，そのとき，紋太の父親（畳屋）はいう。

　　子供は喧嘩が商売だ。紋の奴，泣き面して帰って来たんで，いま，頭を二つ三つ小突いて学校へ追っ払ったとこですじゃ。なんの，詫びることがありますかいな。お宅の坊の方がよっぽど度胸がすわっとる。（略）わしなど子供の時から，何回喧嘩したか数え切れませんが，負けたことなど一度もねえ。相手の腕をへし折ったこともありますが，謝りに行ったことはねえです。喧嘩ですもん，旦那，謝ることは要りませんわ。子供の喧嘩で謝っていた日にゃ，あんた，わしなど毎日謝ってばかりいて，仕事なんか出

来やせん。

　この父親は子どもの喧嘩をポジティブに評価しているが，他方，喧嘩を含めて「悪戯っ子」に対しては，ネガティブな評価も多い。悪童，悪太郎，悪たれ小僧，餓鬼といった子どもを罵る言葉には，「手に負えない」「小憎らしい」「不快な」といった大人の側の苛立ちさえ感じられる。

　これまでみてきたことからすれば，「悪戯」，特に「喧嘩」は，「原始野生」に近い要素をもっていた。ここには，「野生」＝「悪」という問題がある。網野（2003：275）は，12世紀頃に使われた「悪」には「いまわれわれが使っている善悪の『悪』ではなくて，むしろ"通常と異なる猛々しく荒々しいもの"という意味が込められていた」と述べている。また網野（2003：291-292）は，13世紀頃の日本には，「悪」は，「人のたやすく統御しがたい自然ときわめて近接していた」と指摘するとともに，「今の日本語の中で『悪者』『悪いやつ』という言葉がむしろ"いたずら者"，あるいは逆に"非常に生気があり過ぎる人"を指していう場合，肯定的な『悪』の表現の仕方がある。ここに，中世以来の『悪』『悪党』の意味が，なお生き続けているともいえます」と述べている。

4　悪知恵と道化

　「悪戯」については，もっと多面的な考察が必要であると考えられる。その中で，少なくとも「悪知恵」と「道化」という2つの要素は無視できないだろう。

　もう一度，『たけくらべ』『坊っちゃん』『銀の匙』などをみてみよう。これらの作品の中の子どもたちの「悪戯」には，「野生」的な要素もみられるのだが，それよりももっと注目されるのは，「悪戯」や「喧嘩」をする子どもたちの「知恵」が巧妙に働いていることである。ここでは詳しくみる余裕がないが，佐藤春夫の『わんぱく戦争』（1957）に出てくる「子供戦争」は，知恵の絞り合いとも言える戦争ごっこである。上記の『銀の匙』に出てくる「授業をさぼって甘根を掘る」のも，子どもたちの「悪知恵」が働いているといってよいだ

ろう。それは，学校に反抗する力の源にもなりうる。ちなみに，花田（1972）によれば，「もともと子供というものは，一人の例外もなく，悪人なのである。どうやら悪人とは，ほんのぽっちりでも，知性のひらめきのある人間のことをさすらしいのだ。」ここには，知性のひらめきが生む「悪」がある。

「悪戯」を定義することは難しいが，不十分なものであると承知のうえで，あえて定義すると，次のようになる。

「子どもの『悪戯』は，大人の目を〈度外視〉して（ネグって）振舞える一種独特の空間において行われ，しばしば野生的な『喧嘩』を伴う。ただし，どんな事柄でも考慮・計算の範囲外と見なすわけにはいかないので，緊急時ほど知恵を働かす必要があり，その知恵は多くの場合『悪知恵』となる。」

この「一種独特の空間」について補足しておくと，それは「遊び空間」（藤本 1974）とか「自由空間」（松田 1973）と呼ばれるものであり，子どもの遊びとのかかわりを無視できない。ちなみに，松田（1973：151）は，大正時代の自分の子ども時代の経験を踏まえ，大人や親との関係からみたこの空間の特徴について，次のように述べている。

> 子どもだけの世界は，おとなからみると悪の世界でした。親にかくしだてをしてはいけない，というルールが支配していた時代に，子どもだけの世界が存在することは，親としては心外だったのです。だが子どもにしてみれば，親の知らない，親のはいってこない世界こそ自分がそこで主人になれる世界だったのです。

もう一つ，この定義では，「野生」との関係がはっきりしないという問題がある。この点については，中世以来の「人のたやすく統御しがたい自然に近接した悪」（網野 2003）という観念が「野生」とどのようにつながってきたのか，もっと検討する必要がある。だが，「野生」の要素は，文明化によって近代的な「悪知恵」にとって代わられ，子どもの知性のひらめきが生み出す「悪戯」が近代小説の中でも描かれるようになったのではないか，と推察される

ところで，上記の「悪戯」の定義では，〈度外視〉とか〈ネグる〉というユ

ニークな言葉が含まれていたが，それは大人の目を考慮せず，大人の考える善悪や功利を計算に入れない，といった意味合いをもっていた。しかし，すでに述べたように，「悪戯」のあらわれ方はもっと多様である。このことを示す典型的な事例が，「道化」にほかならない。

太宰治『人間失格』(1948)の主人公である葉蔵は，幼時から周囲の人間に対する不安と恐怖に脅かされ，自分の正体はひた隠しにして「道化」を演じるようになる。「おもてでは，絶えず笑顔をつくりながらも，内心は必死の（略）脂汗流してのサーヴィス」は，学校に行くようになってからも続く。旧制中学時代の鉄棒の話はよく知られているが，ここでは小学校時代の事例を挙げよう。

> 綴り方には，滑稽話ばかり書き，先生から注意されても，しかし，自分は，やめませんでした。先生は，実はこっそり自分のその滑稽話を楽しみにしている事を自分は，知っていたからでした。或る日，自分は，れいに依って，自分が母に連れられて上京の途中の汽車で，おしっこを客室の通路にある痰壺にしてしまった失敗談（しかし，その上京の時に，自分は痰壺と知らずにしたのではありません。子供の無邪気をてらって，わざと，そうしたのでした）を，ことさらに悲しそうな筆致で書いて提出し（以下略）……。

そのあと，葉蔵は，教室を出た先生が廊下を歩きながら自分の綴り方を読みはじめてくすくす笑い，職員室で大声をあげて笑っているのを見届けて満足する。

ここにみられるパーフォマンスは，自分の正体を隠蔽しながら，滑稽話を仕立てあげて人を笑わすサービスに徹するという点では，「道化」的要素の発現として捉えることができるだろう。しかし，この「道化」は，「悪知恵」を働かすという点では，他の「悪戯」と同じだが，大人の目を〈度外視〉するどころか，大人（教師）を喜ばすサービスに心を砕いている。

ここで例外的に現代小説を取り上げるが，井上ひさしの『偽原始人』(1979)は，小学5年生の東大（とうしん）君とその友だちが4年生のときの担任だっ

第3部　子どもと文化

た容子先生が教育方針の対立から有名中学に進学させようとする母親たちによってつるし上げられ自殺未遂にいたった事件をきっかけに、母親たちや校長を暗殺する計画を立てるが、最後は母親たちの圧力に敗れ去る一種の滑稽小説である。そのストーリーの展開は、子どもたちの「悪戯」の連続である。一つだけ「悪戯」の事例を挙げておこう。東大君たちがまとめた夏休みのレポート『噂の時速』である。

　ある日の正午きっかりに、日の出学習塾のそばのお菓子屋で、正平君と明君に、牛乳を飲みながら、『校長先生、かわいそうだね』『うん、山へ行ったのはいいけど、金歯に雷が落っこっちゃったんだもの、ね。で、葬式はいつだって』『さあ、そこまでは知らないな』なんて大声で話してもらった。ぼくは家で、この噂が何時ごろ（ぼくは多分夕方になるだろうと、予想していた）、おかあさんのところへ届くか、それを記録するために待っていた。そしたらおどろいたことに、12時15分にはもう家の電話がなったのだ。（略）4、5日してから、こんどは家から『校長先生の奥さんは45歳になるけど、来年の春、おめでたなんだって』という噂を流した。この噂もやはり15分で日の出学習塾の近くまで伝わっていた。（略）校長先生はしばらくかんかんになって怒っていたそうだ。

　小説の題名のとおり、子どもたちは、「野生」を発現する「原始人」ではなく、「悪知恵」「道化」「お芝居」「ほら話」「おどけ」に長けた「偽原始人」である。ここには、（いったん大人を相手にするとなると）大人にこびへつらったり大人をためしたり大人をごまかしたりすることによって、大人のものの見方を〈ずらす〉という「悪戯」のもつ重要な要素があらわれていると考えられる。

5　「悪戯っ子」と「悪」の問題

　亀山（1999：70-80）によれば、「市民社会」のモラル（閉じた道徳）は、そ

の外部にある『エコ・システム』との接触によってもたらされる子どもの『生成の悪』に対する理解に欠けているが，それは近代社会では，『生成の悪』を感受する能力が大人から減退せざるをえないからである．この「生成の悪」や「知性のひらめきが生む悪」や「人のたやすく統御しがたい自然に近接した悪」など，本章に出てきた「悪」という言葉は，重要な研究課題となるだろう．

参考文献

芦田徹郎（2001）『祭りと宗教の現代社会学』世界思想社．
網野善彦（2003）「『悪』の諸相」，『海と列島の中世』講談社学術文庫．
今田絵里香（2007）『「少女」の社会史』勁草書房．
氏家幹人（1994）『江戸の少年』平凡社ライブラリー．
エリアス，N.，大平章訳（2010）『スポーツと文明化』法政大学出版局．
亀山佳明（1999）「子どもの成長と『悪』」，香川大学教育学研究室編『教育という「物語」』世織書房．
河原和枝（1998）『子ども観の近代――『赤い鳥』と「童心」の理想』中公新書
佐藤忠男（1964）『少年の理想主義』明治図書．
デュルケーム，É.，麻生誠・山村健訳（2010）『道徳教育論』講談社学術文庫．
中内敏夫（1976）『生活綴方』国土社．
中沢新一（2004）『僕の叔父さん　網野義彦』集英社新書．
中村雄二郎（2001）『魔女ランダ考――演劇的知とはなにか』岩波現代文庫．
花田清輝（1972）「ランチとお子さまランチ」『ちくま』4月号．
原田彰（2012）「日本の知識人がみた子ども社会――1970年代の言論から」，原田彰・望月重信編『子ども社会学への招待』ハーベスト社．
広田照幸（1999）『日本人のしつけは衰退したか』講談社現代新書．
藤本浩之輔（1974）『子どもの遊び空間』日本放送出版協会．
松田道雄（1973）『自由を子どもに』岩波新書．
吉本隆明・芹沢俊介（2005）『幼年論――21世紀の対幻想について』彩流社
（注）本章で引用された小説の出版社名や引用頁は，省略した．

（原田　彰）

第10章

ピーターパンのエクリチュール
——教育思想としての児童文学

　　　　　　　中国の高名な児童文学者，梅子涵の1980年代後半以降の作品では，物語が淡々と語られ，ストーリーの展開からドラマ性が意図的に抜かれ，言葉もごく日常生活に即したものしか使われていない。本章は，この平淡きわまりない文体に着目して，思想としての児童文学を論じ，教育についてのポスト・モダン的な考察を展開しようとするものである。児童文学は子どもや保護者を読者と想定して書かれており，教育と密接な関係をもつ。だが，教育社会学もしくは文学社会学的な角度から言えば，文学作品を経由して教育を考える場合，作家や作品内容よりも，文体がもたらす教育の新しい世界像について論じたほうが生産的である。本章は梅子涵の児童文学作品に関するテクスト分析の試みである。

1　梅子涵の文体

　中国の児童文学界において梅子涵の名は広く知られている。20世紀1970年代末，小説『馬先生のお好み』をもって，江蘇省児童文学一等賞を獲得し，一躍脚光を浴びて以来，梅は児童小説を精力的に書きつづけ，名作と評される『道中』(1984)，『二人の喫茶店』(1988)，『林東物語』(1993)，『娘物語』(1996) などを立て続けに発表した。これらの作品を，内容ではなく文体の角度から見てみると，80年代前半と後半の作品の間に，大きな断絶があることがわかる。『道中』(1984) を代表とする80年代前半の作品に，寓話を連想させられるような教訓重視の特色があり，小説を読者に人生の知恵，教育の知恵を授けるものとして捉えている傾向がある。80年代後半になると，ロラン・バルトの用語を借りて表現するなら，「作品」から「テクスト」への転向が見られ[1]，親子関係，子どもの成長，教室の人間関係などのテーマには変化がないものの，文体

的には教育的なスタイルのかわりに文学的なスタイルが前面にでる。すなわち作品としては勧善懲悪よりも感動を求めることを目的とし，しかもその感動は，ストーリーの展開からではなく，文体そのものから感じさせられるのである。80年代後半以降の作品には，物語が淡々と語られ，ストーリーの展開からドラマ性が意図的に抜かれ，言葉もごく日常生活に即したものしか使われていない。

　本章は，この平淡きわまりない文体に着目して，思想としての児童文学を論じ，教育についてのポスト・モダン的な考察を展開しようとするものである。本章の問題関心は，梅子涵の作家論にではなく，また彼が概念としての教育，子ども，成長などをいかに押さえ，そして自分の作品に反映させているのかについての内容分析でもなく，ひたすら彼の作品の文体に向けるのである。言い換えれば，現象としての特色ある文体に，われわれは一体如何なる思想的展開を見出すことができるのか，世界（梅子涵の場合，言うまでもなく教育の世界，子どもの世界になるが）に対する認識の如何なるユニークな視点が可能かについて，本章は関心をもつ。児童文学は普通，読者を子どもや保護者を想定して書かれ，子どもの成長や親子関係のあり方などに大きな影響を及ぼすものとして位置づけられている。まさにその点において，児童文学は教育と切っても切れない密接な関係をもつと言えよう。ただ，教育社会学もしくは文学社会学的な角度から言えば，文学作品を経由して教育を考える場合，作家や作品内容よりも，文体がもたらす教育の新しい世界像について論じたほうが，意外に生産的である場合がある。教育は本来，こうであるべき，ああであるべきという確実性をもつものではなく，こうでもよい，ああでもよいという曖昧な色に染まった世界であろう。この曖昧な世界への接近は，時には，読者の意識に上ることが少なく，その意味では一旦上れば意外性がおうおうにして保証される文体に接して，初めてその可能性が開かれる。

　梅子涵作品の文体分析から，論を具体的に展開しよう。

2　テクストとしての梅子涵の作品

　文体分析の対象として，「転向」後の梅子涵の作品から，『二人の喫茶店』

(1988),『林東物語』(1993),そして『娘物語』(1996)の3つのテクストを選用する。手続きとしてはまず,会話の語感,説話の構造,説話の展開の3つの層に焦点を当て,文体の特色を明らかにする。次に,明らかにされた特色を踏まえて,文体と作品内容との乖離という現象を析出する。最後に,その乖離現象を論じ,教育,成長などと関連付けて梅子涵の児童文学の思想的意味を考える。

（1）会話の語感

　　私たちのクラスの子たちにどんなあだ名がついていると思う？と娘が言った。

　　水虫ネコ,トーリー（中国の食品メーカーの名前）,あひる,愉快な豆,洋ナシ,がやがや魚,カレー味のニワトリ,オーストラリアぶどう,……

　　どうしてきみたちのあだ名はそんなにめちゃくちゃなんだい？

　　じゃあ,おじさんたちが小さいころはどんなあだ名があった？

　　陸（りく）ちゃん,大入道,老いぼれ牛,とんま,かぶ頭ののっぽ,かぶ頭のちび,Q,はげニワトリ,つぼみ目,練炭,豆腐……

　　おじさんはなんて呼ばれてたの？

　　お嬢ちゃん。

　　どうしてお嬢ちゃんなの？

　　恥ずかしがり屋でね,口を開くとすぐ顔が赤くなるんだ。

　　じゃあ今はなんで赤くならないの？

　　慣れちゃったからだね。

『娘物語』からの引用で,あだ名をめぐる会話が,父親と娘との間に展開される。娘の時代において常用されるあだ名が,父親によって「めちゃくちゃ」と判定されるが,その「めちゃくちゃ」と対照されて父親の心の中に引き出される父親時代のさまざまなあだ名も,第三者の目から見れば,「めちゃくちゃ」以外のなにものではないはずであろう。この会話は,「父親としての権威」のようなものからかなり距離的に隔たりがあり,ユーモアとしての「めちゃくちゃ」が,全体の雰囲気として漂い,父親を「権威」の座から遠ざける。親子関

係は，梅子涵の作品の主題のひとつであり，親は子どもの成長の重要な他者として描かれる。ただ子どもにモデルを提供する重要な他者というよりも，相互作用の相手であるに過ぎないような友達的な存在のイメージが目立つ。親子の相互作用は，「めちゃくちゃ」を象徴とする「無礼講」の中で展開される。もうすこし文体，ここではとりわけ会話の語感に一歩踏み込んでこれを確認しよう。

　……けれど林東は父親が「お前たちは今からぜいたくしすぎちゃいけないよ」と言うのには納得がいかなかった。林東に言わせれば，「ぜいたくなんかじゃないもん」
　パパは「今からぜいたくしすぎちゃいけないよ」としょっちゅう私に言ってる。パパがそう言うのは，私が毎日牛乳をびん2本飲んでるからで，授業料やら教科書代やらあれやこれやのお金を一度だって滞納したことがなくて，その上NEW-CON（※注：英語の教科書の名前）を勉強するために「前進」に月謝を払ったり，日曜日には「民進」に通って授業を聞いたりで，毎月いくら出さなきゃいけないかもわからないくらいだからで，お昼に「莘莘」のお弁当を食べて，夕飯になればありとあらゆる種類のおかずと，スプライトやコーラも食卓に並ぶからで，たくさんの洋服を持っているからで（林応成とお店で会ったとき，彼はそこにあった墨緑色の革ジャンを指さして，林東に買ってあげるつもりだと話した。私は林応成にひとこと言っておいた。何しろ900元もするし，林東はまだまだ背が伸びるから，買えばそのうちすぐに小さくなって着るのを嫌がるだろう）マウンテンバイクがあり，財布にはいつもおこづかいが入っていて，家には食べきれないほどのおやつがあるからで……
　そこで私も，私たちが子どものころに比べれば，きみたちは本当にぜいたくすぎていかん，お前たちのような若者はものの有り難さがわかっていない，と言った。私はわかっている。林東が「ぜいたくなんかじゃないもん」と言うのは勉強が信じられないほど大変だからで，遊びの時間もないからで，テレビを見るひまもないからで，夏休みや冬休みに入って，林応

第3部　子どもと文化

成が後ろにくっついて「林東ほら急いで急いで！林東，だからもっと早く急いで！」叫んでいるからである。ちょうど梅子涵が小繁子の後ろにくっついて叫んでいるのと同じように。「小繁子ほら急いで急いで！小繁子，だからもっと早く急いでったら！」小繁子がこっそり，イカれちゃってるんだ，と言った。誰がイカれちゃってるって，え？　もう二度と大人にイカれてると言ってはいけないぞと私は注意した。小繁子はわかったと答えた。

　おじさんたちが小さいころは学校に授業料を免除申請できたんでしょ，と林東が言った。そうだと答えると，パパも免除申請をしていたと彼女は話した。ちょうどあのころは教科書が3元，授業料が6元，その他の何やかやのお金は一切とらなかった。たった9元なのに，免除してもらってたの？　まあ，お前さんにはわからないだろうね，と私は言ってやった。

　以上のテクストにおいて，会話する一方が中学生の林東で，もう一方は林東の父親の親友「私」である。二人の間に世代の差はあるが交わされる会話はとにかくくどくて舌がもつれる。双方とも子どもが何かを競っているように言い張っている感じを読者に与える。「幸せ」の概念解釈をめぐって中学生の林東は一気に5つの「からで」を用いるのに対し，大人としての『私』も一歩も退かず，立て続けに4つの「からで」を言い放ち，その上，父親の梅子涵と娘の小繁子との間に交わされ，極めて滑稽な感じを与える「急いで急いで」「イカれちゃってる」のやり取りを言い添える。「ぜいたくしすぎちゃいけないよ」とか「ぜいたくなんかじゃないもん」といったような言い回しがもたらした語感をあわせて考慮に入れれば，この会話は違った世代間よりも同世代の，しかも親友の間に展開されるものであるという印象をもたされる。この段の最後の一句，「お前さんにはわからないだろうね」の「お前さん」の一言は，その意味ではきわめて象徴的だと言えよう。

　再び『娘物語』から引用しよう。

　　　曹迪民が通信簿を手にしながら家に帰り，母親にぽんと手渡して，「お

母さん，先生はぼくの悪いところを一個も書いてないんだ！」それから父親の方に向き直り，「お父さん，ぼくには直すところがないんだね。」

　すると母親がすかさず声を上げて「何言ってるんだろうね，授業中に顔を後ろに向けてるのはじゃあ何なの？　朝礼で他の子の耳を引っ張ってるのは悪いことじゃないっていうのかしらね。」

　通信簿にはこう書いてあった。「…これからは授業を真剣に聞いて，顔を後ろに向けたりしないこと。朝礼のときにも礼儀正しくして，他の生徒の耳を引っ張ったりしないように気をつけましょう…。」

　母親はさらに，「授業中に顔を後ろにやって一体どうしようっていうの，後ろに黒板でもあるのかい。」

　「あるよ，後ろは学内報の黒板なんだ」と曹迪民が言った。

　「またわけのわからない屁理屈ばかりこねて！　反省しないとお前に食わせるからね！」「食わせる」は「一発お見舞いする」ということなのだが，上海語では「食わせる」と呼ぶ。母親はなおも続けて，「朝礼の時に敬礼もしないで誰かさんの耳を引っ張ったのは，手がむずむずしたからかい。」

　「ちゃんと敬礼してたよ，敬礼しながら引っ張ったんだよ。」

　「敬礼しながらどうやって引っ張ったの。」

　「ほら，右手で敬礼して左手で引っ張ったんだ。」

　曹迪民の父親がここで割って入った。「お前は『気をつけましょう』とあるのが悪いことじゃないと言いたいのか。気楽なもんだね。私たちが厨房だと思ってるのかい」「厨房」はまぬけ，馬鹿といった意味である。父親がさらに言うには，「『気をつけましょう』というのはだな，前にやったことをもう二度と繰り返すなと注意しているんだ，わかるか？」

　「わかった」と曹迪民が言った。

　「わからないなんてことがあるかね，本当に間抜けでもあるまいし，この子はふざけてるんだよ。」

　「ふざけてなんかいないよ！」

　曹迪民の父親はもう少し息子に話して聞かせてやらねばなるまいと感じ

て,「もし一回もやったことがないなら,先生は『気をつけましょう』とは言わないんだ。例えばもしお前が人を殺したことがないなら,これからは人を殺さないように気をつけましょうなんて言うと思うか？ 言わないだろう。」

「お父さんのたとえはちょっと間違ってるよ。人を殺したら処刑になるから,すぐ護送車に連れて行かれて,先生はもう気をつけましょうなんて言えなくなるんだ。」

「私がいったのはただのたとえ話だよ」と父親はこぼした。

ところが,曹迪民はすかさず「先生はこう言ってるよ,たとえは正確に示す必要がある,そうじゃないと減点だって」と返した。

父親は,「こりないやつだ！」と言った。

テクストの内容としては,大人の父親と母親がわが子の曹迪民を対象に極めて真剣に家庭教育を施している一場面である。が,ここにおいても,真面目に展開されているはずの親子間の会話は,ブラックユーモアに近いものにずらされる。上海の市民家庭を舞台に,日常的生活,とりわけ親子のやり取りや教育の場面を写実的にストーリーに反映させる作品であるだけに,上海の方言も多用されるが,大人の父親や母親の口からこぼれ出る「いてまいそうや」「しばいたろか」「あほ」などの土着的な表現は,読者にやはりいくらか滑稽な,そして愉快な感じを与える。親子間の教育は,本来,真面目な雰囲気の中で,また少なくとも真剣な神経をもって行われる行為なのだと誤認されることが多いが,日常においてはしかし,常に滑稽感と無力感の伴うものであり,そしてその滑稽感と無力感から由来する情感的な湿っぽさに包まれるブラックユーモアへの滑らかな滑走が,暖かい雰囲気を醸し出す。

「めちゃくちゃ」や「滑稽さ」に象徴される会話の語感に,われわれは親子のあり方や教育に対するひとつの解読を見出すことができよう。理念的にはいうまでもなく,型通りの親子間の平等と尊重,世代間の理解と交流がこれらの作品において説かれているが,成長の結果としての「成熟」を理由にして子どもにも大人と同等な地位を与えるべきであり,尊重すべきであると主張するの

ではなく，むしろ大人の「未熟」をもって子どもとの平等を図るところに，梅子涵の作品のユニークさがあるのである。大人は「めちゃくちゃ」や「滑稽」な存在として大人の座から降格される仕組みを通して，子どもと同じ地平に立たされるわけである。この「未熟」の降格への憧れ，また賞揚は，文体の第二の層，つまり説話の構造においても見られる。

(2) 説話の構造

　　林東は言う。おじさんたちが小さいころは学校に授業料を免除申請できたんでしょ，と。私がそうだと言った。パパも免除申請をしていたと彼は言った。ちょうどそのころは教科書が3元，授業料が6元，その他の何やかやのお金は一切とらなかった。たった9元なのに，免除してもらってたのと林東は言った。まあ，お前さんにはわからないだろうね，と私は言ってやった。

　　林東は言う。おじさんたちの小さいころ，朝はいつもおかゆと高菜のつけものだったんだよね，と。焼いた平餅や揚げパン，豆乳のときもあったよ，と私は言った。ごくたまにだけどね。高菜，野菜のよろづ漬け，辛味豆腐，それにたくあん。牛乳なんてない。少なくとも自分には牛乳を飲むチャンスなんてなかった。牛乳を配達してもらっていた家なんて本当にちょっとしかいなくて，ビン2本も飲むなんて想像もできなかったよ。

　　私はまた林東に言った。それにね，そのころは学校でお昼を食べる人も少なかった。子どもに学校で食べさせる余裕がある家はあまりなかった。クラスでは，俞敏とかそのあたりが何人かいただけだった。家まで駆けて戻ったんだ。400メートル走はこうして速くなったんだね。足の筋肉が鍛えられたのさ。

　　私はまた林東に言った。むかし私たちが小さかったころは，お金が1角あったらうれしくて浮き浮きしたよ。2角もあれば感動して口もきけないくらいだ。……それから私が入った大学は別に名門でもなんでもないところだった。実力がなかったのではなくて，私もきみのお父さんも中卒で，高校の授業を受けたことがなかったんだ。だけど出てきた問題は高校で教

えるものだった。一生懸命追いつこうとしたけど，やっぱりわからないこともあった。それに，どんなふうに勉強したらいいかとか，どうやって試験を受けたらいいか，どんなコツがあるのか，教えてくれる人もいない。私は農場で働きながら勉強した，ただやみくもに勉強した。テストを受ける前に水を飲むときも少なめに控えるべきか，いっそ全然飲まないか，それさえ見当がつかなかった。飲んだら，試験中にトイレに行きたくなるかもしれないだろう。それでもしトイレに行こうと席を立てば，もう試験会場に入ることはできない。だけど私はゴクゴク水を飲んだよ。少なめに抑えておこうともしなかった。その日の朝は，前の夜に売店で買ったゴマ餅を食べた。4時半には起き出して，乗り場からトラクターに乗って市内に入り，会場の小学校の校門の外で待っていた。他に食べ物がなくて，ゴマ餅を食べるしかなかった。ただ，問題はゴマ餅にあったわけじゃない。ゴマ餅はなかなか美味しかったよ，中になつめが入っていて，1個1角だったしね。まずいのは，一口食べるごとに軍用水筒の水を一口飲まないとゴマ餅が飲み込めないことだった。軍用水筒に水を入れて持ってきていたんだけどね。一口食べて一口飲む。そうしたら試験の最中にトイレに行きたくなった。宋明強たちははやし立てていたよ，おしっこといっしょに悪いツキを出せって。宋明強も私たちと同じいわゆる知識青年だった。私は急に落ち着かなくなってきた。ああもうおしっこしたい！　集中力が途切れてきた。両方の太ももをぎっちりと合わせていた。ああもうおしっこしたい，そうじゃなきゃ問題なんて解いていられない，そればかり考えていたね。数学の試験だった。よくわからない問題が一つあったけど，その下に何題も別の問題が続いていたから，トイレに行くことを考えるといつまでもそこだけでぐずぐずしているわけにはいかない。かといって，ああもうおしっこしたいと考えるのをやめることはできない。おしっこのほうはどんどん切羽詰まってきて，もうすぐそこまで出かかってる感じだった。目の前がくらくらしてきて，もうおしまいか，というところまできていた。答案をあわてて押しつけて，猛ダッシュでトイレに駆け込んだのさ。

第10章　ピーターパンのエクリチュール

　引用は長くなるが，このテクストには以下のような2つの特色が指摘できよう。一つに，テクストの前半において会話が極めて異常な文章スタイルになっている。会話は直接話法の形式をとっているわけではなく，やり取りの応答も改行して書かれていない。ただひたすら人称代名詞と動詞の「言う」を用いて，発話の帰属を呈示するのである。したがって結果的には，「林東は言う」「私は言う」「私はまた林東に言う」のようなくどくて不自然な会話形式になってしまい，読者はこの「〜は言う」をもって発話が誰のものかを判断する。もうひとつは，この友人の息子である林東を主人公とするストーリーに，長々たる作者自身のライフストーリーの一幕を無造作に挿入していることだ。まさにこの長々たる勝手きわまりない挿入から，読者は衝撃的な印象を与えられる。
　人称代名詞と動詞「言う」の使用の強引さと，作者自身のライフストーリーの長々たる挿入は一体何を意味するのだろう。これについて考えてみよう。
　強引さに象徴されるこの話法がもたらした文学的な効果の一つに，作者の全知全能性の否定が挙げられよう。一般的に言って，児童文学は，主人公が成長中の子どもが多く，作者はすでに成長済みの大人である場合が多い。子どもの口調でストーリーを述べるにしてもまた子どもの視点から世界を描こうとしても，大人である作者は作品の外に立って作中人物の運命やストーリーの展開を全面的に企画し，自分が与えようとする結末に読者を導かせる全知全能性を発揮するのが常である。ところが逆説的に，この全知全能性は，作者が自分を読者の目から姿を隠して始めてその効果が作動するのである。普通，小説を読むとは作者を読むことではなくストーリーを読むことである。読者が作者の存在に気づかず物語の内容そのものにわれを忘れた場合のみ，作者の虜になるのである。しかしこのテクストにおいては，「私」イコール作者の梅子涵であることは一目瞭然であるが，作者を忘れさせるどころか，むしろ意図的にその存在を読者に気づかせようとしている。したがって，以上の論理を逆さまにして考えれば，作者の梅子涵は，読者の物語の内容への没入を極力避けようとし，内容以外のもの，たとえば文体のようなもの，へと注意を向かわせようとしていることが推論できよう。意図的に意識させられた作者は，作品の外に立つのではなく作中人物の一人になろうと努めている。作中人物の一人である以上，彼

133

は全知全能性を放棄することになる。

　こうして「林東は言う」「私は言う」を用いて，作中主人公の林東と本来全知全能であるはずだった「私」，すなわち作者との間に，明確に一線が画される。「林東の言うことは彼の言うことであり，私の言うことではない」，またその逆も同様である。言い換えれば作者は作中人物を代言することができない。作中人物の発話権は，あくまでも彼自身にのみ保証され，けして作者の手に握られるものではない。作者が神並みの全知全能的な存在から作中人物の中の一人に成り下がるこの代替不可能と，さらに作者イコール大人，作中人物，とりわけこの場合の主人公イコール子どもという事実を併せて考えると，作者と作中人物の平等が大人と子どもとの平等に巧みにつながることがわかる。作者はあくまでも作中人物の一人としてストーリーに参与し，人称代名詞と動詞「言う」の強引さによって作者と作中人物，大人と子どもとの間の格差が解消されるのである。

　長々たる勝手きわまりない挿入についてもほぼ同じことが言えよう。自分自身のライフストーリーの無造作な挿入は，大人にも子どもにも，説話的権利を平等的に保障すると考えてよかろう。梅子涵の作品において，全知全能性は否定されるものであり，作者は，主人公のストーリーに自分をダブらせること，すなわち自分の物語を主人公の名を借りて語ることを拒否する。そのために，主人公のストーリーはあくまでも彼のストーリーであり，私のストーリーはあくまでも私のストーリーであるような書き方をしてしまう。説話権の対等な保障を考えれば，私，すなわち大人としての作者のストーリーを導入して，彼，すなわち子どもとしての主人公のストーリーとの隔たりを読者に意図的に意識させる方法が，ここでとられているのである。この私のライフストーリーの挿入の強かさに，大人と子どもとの平等が，意識としてまたは理念として明確に読み取れる。重要なのは，平等はここでもやはり，大人の降格を通して達成されようとしていることである。「私」は「成長済み」の大人から「未熟」な子どもへと降格させられ，記憶と回想の中を生々しく生きる。

（3）説話の展開

　私が「二人でお茶を」のつくり話を改に聞かせたのは，まさにそうしたタイミングだった。私の人生において後にも先にもないくらい，実にうまくいったでまかせで，雑誌に載っているようなでたらめな小説にも似るところがあった。自分は改と通りをぶらぶら歩いていた。午後のことだ。ちょうどその午後は一週間のうちで唯一授業がない時間だった。気持ちのいい天気だった。…

　最近オープンしたばかりのカフェのところまで来て，自分は前にこの店に入ったことがあると改に言った。というのも，私たちの目に，人々が気おくれがしておそれ入るようなきらびやかさが映っていたのだ。改はこれを聞いてすでにちょっと感心したようだった。続いて自分は声の調子を変えずに，毛蘭と一緒に入ったのだと話した。改は予想通り顔色を変えた。入り口のところで毛蘭にばったり会って，ちょうど雨も降っていたことだし，私がちょっと中に入ってコーヒーでもどうか，と誘ったところ，彼女はそれに応じたのだ。改はそれを聞くと目を見開いてキョトンとしていた。……

　大粒の雨が窓ガラスを激しくたたき始めていた。カーテンがかかっていたので，雨が強く打つ音だけが響いた。

　軽やかな音楽がどこからか流れてきた。毛蘭がその曲のタイトルを知っているはずがないと思っていたが，彼女は即座に「二人でお茶を」だわ，と言った。

　その曲は「二人でお茶を」という名前だったの，と改はたずねた。そうさ，「二人でお茶を」だよ。ポール・モーリア・グランド・オーケストラの演奏で，「ステレオの友」の番組でしょっちゅう流れている。……

　「それから？」と改が聞いた。

　それから毛蘭があることを気にし始めた。もし私たちがここでお茶しているのを知っている誰かに見られたら，その人は他の人に言わないかしら，と。黒皮郁に話が伝わったり，うちのパパとママやあなたのご両親に教え

たりしないかしら？
　黒皮郁が知ったからってどうするもんか，ちょっと出てきてコーヒーを飲む，ごく普通のことじゃないか。
　あなたにとってはごく普通のことかもしれないけど，そんなの当たり前じゃないっていう人たちもいるのよ。黒皮郁があなたがたばこを吸っいるのを知って，あなたは改を殴ったじゃないか？
　それからどうしたの？と改がせがんだ。
　それからそれからって，そんなにしつこく聞かなくても，ちゃんと続けて話すよ，と私は答えた。それからはね，雨が止んだから，私たちも家に帰ったんだ。
　……
　改はまだそれから何かと聞きたそうな感じだったが，これでもう話すことはないとはっきり彼に言った。話の流れは案外すっきりしたもので，そんなにたくさんの「それから」はないのだ。毛蘭は家に帰って，私も家に帰った。私たちバイバイを交わして別れた。

　『二人の喫茶店』は，静物画のイメージを読者に与える。主人公の「私」は，美人の同級生「毛蘭」を誘って一緒に喫茶店に入ってコーヒーを飲んだ話を，友達の「改」に誇らしげに聞かせてやった。同級生とはいえ，男女間の交際が一切，不自然なものとして取り扱われていた80年代の中国においては，これはまさに一大事件であり，喫茶店への勧誘に成功した，異性関係に目覚め始めた男子中学生にとっては，誇りにすることのできる出来事なのである。この意味では，物語の主題は，けしてドラマ性がないわけではないが，ストーリーの展開はしかし対照的に平淡そのものであり，進展のテンポが遅いというよりも静止していると表現したほうが正確であろう。コーヒーを飲む。それ以外に展開がない。ストーリーの展開を知りたくて焦る「改」の口からは「それから？」の連発だが，その言葉にうんざりした「私」は，追い詰められて最後に，「これでもう話すことはない。話の流れは案外すっきりしたもので，そんなにたくさんのそれからはないのだ」と言い返す。

誇らしげに聞かせてやった喫茶店の話は，実際の出来事ではなく，男比べの必要性から生まれた作り話なのだという事実は，テクストの最初に，作者によって明らかにされている。作り話であるだけに，ストーリーの展開は本来，想像力に任せていくらでも自由にできるはずなのだが，一向に進まない。結果的には作品において想像力の乏しい少年の主人公を設定したことになる。しかしこの乏しさによって文体の効果に思想的豊かさがもたらされたことに，われわれは再び驚異の念を抱かねばならない。すなわち文体的に言えば，このテクストにおける説話の展開は，静止画的な写実の効果を示し，ストーリーから一断面を浮き彫りにさせると同時に，ドラマ性とクライマックスを抹殺してしまうのである。また，「そんなにたくさんのそれからはないのだ」という言葉が象徴したように，梅子涵の作品は，起承転結を意図的に否定し，ストーリーの一幕一幕を時間的に連結させるのではなく，空間的な意味での並置の方法を用いて呈示するのである。フイルムの一コマ一コマのようなものである。時間意識よりも空間意識，連結や連続よりも隔たりや跳躍の印象をもたらされるこのテクストの文体は，ストーリーに「それから」を許さない。児童文学に「それから」の連続性を認めないとは，成長にリニアな時間性しか読み取らない今までの一切の教育学的言説，もしくは社会学的言説（伝統的な社会化理論がその代表的なものであろう）に異議申し立てをし，子どもや親子関係などについての革命的な問題提起と概念の再認識を促していると言っても過言ではなかろう。

3　ピーターパンのエクリチュール

　以上，会話の語感，説話の構造，説話の展開の３つの層に焦点を当て梅子涵作品の文体的特色を明らかにした。未熟の滑稽さ，代替不可能性，およびストーリーにおける時間的性格の否定などがそれである。子どもの格上げではなく大人の格下げによって親子関係，大人−子ども関係の平等を図る策が取られていることが確実に言える。しかし梅子涵の作品の場合，この文体面での平等以上に興味が引かれるのが，文体と内容との乖離という現象である。すなわち文体的に「未熟」な大人が，内容的にはストーリーの中で必ず「大人らしく」

子どもの教育に当たっているのである。それについて考えてみよう。

　この乖離現象を論じるためにわれわれはピーターパンのエクリチュールという概念を導入する。エクリチュールは，前期のロラン・バルトにおいては，「ある時代の文学作品に共通して表れる傾向であり，個々の文学作品を超えて表現されるその傾向を方向付ける機能態」をさすが，後期になると，「個人の体液の変成としての言語表出，すなわち文体に近いもの」となる（小坂 1984：183）。本稿は，後期の定義の意味で梅子涵作品の文体特色をピーターパンのエクリチュールと名づける。

　ピーターパンはいうまでもなくあのネバーランドで冒険を繰り返し，けっして大人には成長しない童話の主人公である。恐らく世界的にもっとも読まれている童話のひとつに入るこの永遠の少年の物語は，多くの人々に夢と感動のロマンスを提供してきたが，これからも提供しつづけるであろう。そしてロマンスとして読まれていても悲劇として読まれることは少ない。しかし今一度この物語を読み返すと，確かに夢と感動の話ではあるが，何故かストーリーの最後に，悲しい雰囲気も漂っている。ウェンディーと別れを告げる際，ピーターパンは毎年，春になると必ず会いに来ると約束するが果たさない。ウェンディーが大きくなって嫁に行った後，ピーターパンはとうとうやってくる。しかしもう成人したウェンディーを見分けることができないし，まして彼女をもう一度ネバーランドへ連れて行くことはできそうもない。

　　ウェンディーは，このかわいそうな少年の髪を両手でなでました。もうウェンディーは，ピーターに同情して，心をいためるほど，小さな女の子ではありません。すべてをにこやかに眺めているおとななのです。でも，ほほえみながらも，その目は，涙にぬれていました。
　　そして，ウェンディーは，明りを明るくしました。ピーターは，自分の目で見たのです。いたましいさけび声をあげました。
　　……「おとなにならないって，約束したくせに！」
　　「でも，しかたがなかったのよ。わたしは人のおくさんなの，ピーター。」

第10章　ピーターパンのエクリチュール

「うそだ。」……（ピーターは）床にすわりこんで，しくしく泣き出しました。
(バリ　1954：311-312)

「おとなにならないって，約束したくせに」，「でも，しかたがなかったのよ」。この会話のやり取りを読んで，涙がこぼれるのが，はたしてピーターパン一人なのだろうか。

大人になりたくないにもかかわらず大人にならざるを得ない。これは多くの人にとって，人生において避けることのできないパラドックスのひとつである。まさにこの点で『ピーターパン』という物語は，童話であると同時に，人生における不可能性と無力さについて語る哲学の書でもあるのだ。

大人を「未熟」へと格下げし，子どもとの区別を解消しようとする意味において，梅子涵の作品はピーターパン的な特色を示すが，ピーターパンのエクリチュールと名づけたのは，けしてそれだけの理由によるものではない。文体の面では大人になりたくないにもかかわらず内容の面では大人にならざるを得ないというパラドックスを悲しくも内包したという意味で，こうして命名したわけである。このパラドックスによってもたされた無力感や感傷の気持ちについて少し味わってみよう。再び梅子涵の作品からの引用である。

夕飯を食べ終わって，梅思繁は勉強に取りかかろうとしていた。自分の部屋に入って，机の前に座った。数学，国語，英語。ある時は歴史や地理，生物も…そうして毎日が繰り返され，一年，また一年と過ぎて行く。あるとき曹迪民が遊びに来て，部屋に入ると，「ここがお前の部屋というわけか！」と驚いた様子だった。「そうだよ」と梅思繁が言った。「毎日ここに座って勉強しているの」彼女はとても小さな声でさらりと答えた。

しかし，この一言は私の耳に届き，頭に焼きついていつまでも消えなかった。「毎日ここに座って勉強しているの」それが私をつらくさせた。

机の上には赤い電気スタンドが置いてあった。明かりは毎晩かなり遅くまでともっていた。明かりがついていると，必ず誰か一人ドアのとこに立って，「どうかしたの」「数学をよくやっとくんだぞ」「細かいところまで

139

気を抜くなよ」と言っていた。
　時にはちょっとラジオをつけてみて、お気に入りの歌番組を聴いたりもした。音量をギリギリまで下げているのだが、そうした時にもその人が出てきて、「消した方がいいよ、繁ちゃん、集中集中！」と声をかけていた。
　この人はもちろん私、梅子涵だった。梅子涵は少し物わかりが悪い、と思うかもしれない。だけどしょうがない。しょうがないんだ。

　子どもの勉強について、うるさく言い立てることが不本意であるにもにもかかわらず、なおも老婆くさく言わざるを得ない、親として、大人としての責任ともいうべきものを果たさねばならない自覚は、この作中人物であり、また作者でもある梅子涵はもっている。しかしもっているというよりももたざるを得ないのが実情で、子どもの教育には大人である以上、大人らしく振る舞わなくてはならないと社会的に期待され、また規制されている。言い換えれば、大人になりたくなくても大人になるのだ。「だって成長を止めることはできない。」この落胆と無力感は、「だけどしょうがない。しょうがないんだ」の叫び声に、悲しいほど痛感させられる。ピーターパンが泣いたのと同じく、梅子涵も涙をこぼした。

　　三歳の彼女にピアノを買ってあげた動機は、どうしても良い学校に入れなければならないからだ。しかしそれからは、彼女はもう二度と心から楽しいと思える時がなくなってしまった。
　　この期待によって、私も元気がなくなってしまい、彼女の元気のなさから私の白髪は増えた。
　　私の"だれでも知っている"「娘物語」はこうして書き上がったのだ。娘も、まあ"だれでも知っている"「北向きの教室の凧」を書いた。私は彼女の子ども時代を綴ったのだが、けれど綴るより前にもうすでに知っていた。自分が語ろうとしているのは子ども時代の消失の物語なのだということを。娘はと言えば、彼女の作品の中で、小さい時から大きくなるまで、あのずっしりと重いカバンを背負って通学路を歩く様子を丹念に描いている。彼

女はついに気ままで自由な凧のように大空へ飛び去っていこうとはしなかった。飛んだのはただ，私が放り投げた数学の赤点の答案用紙だけだった。
　彼女は「新概念作文」で一等賞を獲った。この話は思いがけずたくさんの人の涙を誘った。陳村は，彼が今までに読んだ中学生が自分自身を書いた作品の中で一番感動したと語った。私も涙を流しながら自分に言った，これは子ども時代の対価なんだと。娘の子ども時代と，私の数限りない楽しみと引き換えに生まれたものであると。

「児童は客観的に存在していることは誰にとっても自明のようにみえる。しかし，われわれがみているような『児童』はごく近年に発見され形成されたものでしかない」（柄谷 2004：161）。アリエスのあの著名な研究『〈子供〉の誕生』を踏まえたうえで，柄谷行人はこう指摘する。子どもの神話を解体する作業は，すでに多くの人によってなされてきてはいるが，子どもの神話の解体との連動において大人の神話も解体してしまう試みはそう多くはない。ただし，梅子涵の作品の思想的価値は，けっして子どもの神話，大人の神話の解体に留まらない。無力と感傷を消極的なものとして捉え，いずれは解消され克服されるべきものであると考え，その文脈において「成長を拒む」文体で「大人にならざるを得ない」強迫を告発し，そしてその告発の上に展開される「われわれも子どものまま楽しい存在になる」夢の実現を追い求める内心のアピールは，梅子涵という作家の個人の願いの表達であるかも知れぬが，けっして彼の作品の思想性の所在ではない。「本当の子ども」の概念が幻想の一種であるに過ぎないのと同じように，「われわれも子どものまま楽しい存在になる」アピール自体が，現実においてはいかなる自己欺瞞で迫力のないものかは，誰の目にも明白である。成長をいくら拒もうとしても，「大人にならざるを得ない」のが，依然として歴然たる社会現象として，ましては生物的な事象としてそこかしこに存在し，疑いを許さない。ピーターパンのエクリチュールは，「大人にならざるを得ない」のを否定しようとはしない。悲しいことではあるが素直にそれをそのまま受けいれ，その表情にゆっくり時間をかけて馴れ親しみ，遂にはそれを全的に肯定する。「大人にならざるを得ない」への無力と感傷は，克服さ

第3部　子どもと文化

れるべきものであるよりも，生々しい存在として，敬い畏れの念を抱かれるべきものなのである。

4　制度への敬い畏れ，および制度からの自由

　無力的であろうと感傷的であろうと，「大人にならざるを得ない」のが，敬い畏れの念を払うべき生々しい存在である。しかし，敬い畏れの念を払うといっても，それをまったく自明視するものとして全般的に受け入れ，疑いの余地を認めないことを意味するわけでもないのだ。とりわけ「大人にならざるを得ない」ことを，「未熟」から「成熟」への変化と解読しなおす場合，リニアな成熟は，ただ成長の中の一種であるにすぎないこと，またこの解読は，伝統的な社会化理論によって支えられて初めて成り立つものであることについての意識をもたねばならない。この伝統的な社会化理論は，親子関係，大人 – 子ども関係に関するいままでの諸言説のほとんどに，言表の枠を与えたのである。
　社会化理論においては言うまでもなく，人間は誰でも，遅かれ早かれ，生物的な存在から社会的な存在へと成長するものだと仮定される。社会的に成長するとは，社会のしきたりや文化に目覚めさせられ，社会に認められる行動様式や価値態度を身につけさせられることを意味する。社会化に失敗する例はないわけではないが数が少ないうえ，ごく特殊なケースに限られる。この伝統的な社会化の言説において，紆余屈折はあるが，人間は時間の経過とともに大人になり，大人らしくもなるのである。成長，成熟は，この意味では必然的に時間性を帯びる概念であり，「未熟」は時間の線上において始まりの一端に釘付けられ，「成熟」はその反対の一端に位置づけられる。時間の線上において始まりの一端に釘付けられる「未熟」は，好悪にかかわらずやがて必ず解消される運命を辿る。こうして社会化の大義名分の下で，大人は胸を張って堂々と子どもを自分のコピーのように生産を繰り返す。大人の意のまま，大人と同じような子どもを，教育の名のもとに育てるのである。現代中国においては，子どもの勉強にうるさく言い立てたり，進学，学校選択に頭を絞って手段を尽くしたり，補習に通わせてしかも強制的にお稽古を習わせたりしている親ほど，責任

のある親として評価される。

　子どもを優秀に育てる気持ちは，恐らく親である以上，誰でももっている。ゆえに子どもの成長に意図的に働きかけることは，親の役割期待として，社会的に認められていて，非難されることにもちろん当たらない。この点から言えば，梅子涵も，親の意図的な働きかけを，全般的に否認しようとしているわけではないし，このように役割期待される親の一人なのである。したがって彼の作品は，内容的にはたとえ無力と感傷の雰囲気を漂わせていても，子どもの成長と教育を依然，中心テーマにしている。

　成長と成熟およびそれに伴う無力と感傷は，告発やアピールによって解消できるものではない。それは巨大で頑固な存在で，幻想であり虚偽であると批判されても，批判されたとたん，批判自体が幻想や虚偽なるものに陥る。無力と感傷を存在の不自由と認定して，「われわれも子どものまま楽しい存在になる」自由を夢見るだけでなく，実際追い求めようとすれば，追い求められる自由の夢は，追い求められた時点において不自由になってしまうところに，この巨大で頑固な存在の強かさがある。この巨大で頑固な存在に，蓮實重彥は「制度」と名を与えた。

　　「自由」と錯覚されることで希薄に共有される「不自由」，希薄さにみあった執拗さで普遍化される「不自由」。これをここでは，「制度」と名づけることにしよう。
　　　　　　　　　　　　　　　　　　　　　　　　　（蓮實 1985：6）

彼はさらにつづける。

　　その「制度」は，「装置」とも「物語」とも「風景」とも綴りなおすことが可能なものだ。だが，名付けがたい「不自由」としての「制度」は，それが「制度」であるという理由で否定されるべきだと主張されているのではない。「制度」は，それが「制度」は悪だと述べられているのでもない。「装置」として，「物語」として，「風景」として不断に機能している「制度」を，人が充分に恐れるに至っていないという事実だけが，何度も

繰り返し反復されているだけである。人が「制度」を充分に恐れようとしないのは,「制度」が「自由」と「不自由」との快い錯覚をあたりに煽り立てているからだという点を,あらためて思い起こそうとすること。

(蓮實 1985：7)

「大人にならざるを得ない」ことを一種の悲しい不自由と思い込み,「われわれも子どものまま楽しい存在になる」自由へと憧れおよび夢を追い求めつつあるのが,まさに「制度」が煽り立てた自由と不自由の快い錯覚であろう。自由の錯覚に気持ちよく全身を浸すのに比べれば,不自由への敬い畏れは,もう一段と高い境地にあると評さねばならぬ。しかしピーターパンのエクリチュールは,敬い畏れに留まらない。梅子涵の作品は,敬い畏れの念を抱いたうえで「制度」からの自由を徹底的な不自由であると認めつつも,文体と作品内容との乖離を通して,不自由の中から瞬間的な自由を見出そうとして努力している。

蓮實重彥はこの瞬間的な自由の意味について以下のように鋭く指摘している。

「制度」の機能を意図的に模倣しながら,その反復を介して「制度」自身にその限界を告白させること。あるいは「制度」がそうした言葉を洩らしそうになる瞬間を組織し,そのわずかな裂け目から,表層を露呈させること。「物語」の説話的持続の内部に,その分節化の磁力が及びえない陥没点をおのずと形成させること。そのためにも,いたずらに「反＝制度」的な言辞を弄することなく,むしろ「制度」の「装置」や「風景」を積極的に模倣しなければならない。そうした戦略的倒錯によって実現される表層の回帰こそが,ここで「批評」と呼ばれている体験なのだ。その,表層と呼ばれるどこでもない場所で,言葉は,初めて「物語」の分節「装置」から「自由」になるだろう。その「自由」は,「不自由」ととり違えられることのない荒唐無稽な「自由」であり,距離の意識と方向の感覚とを欠落させた何ものかの生々しい到来と呼ぶべきものだ。(蓮實 1985：7-8)

ピーターパンのエクリチュールは,大人になりたくないにもかかわらず大人

にならざるを得ないというパラドックスがもたらす無力と感傷をめぐって，文体と内容との乖離を通して，「物語」の「装置」から「自由」になろうとしている。内容的には大人は確かに大人らしく責任をもたねばならぬが，文体的には「未熟」のままでよいわけである。「大きくならざるを得ない」こととそれにまつわる無力と感傷が生々しいものであると同様，「成長を拒む」のもまた生々しいものである。梅子涵の作品は，大人－子ども間の成熟－未熟は証明済みのものとして考えていない。「本当の大人」と「本当の子ども」が線分の両極端に存在し，その中の一端からリニアにもう一端へと変化することを，当たりまえのように「成長」または「成熟」と捉え，この「成長」または「成熟」を助ける行いを「教育」と捉えることも拒否する。生物的意味での「成長」または「成熟」は存在するかもしれないが，文化的意味での「成長」または「成熟」は，結局のところ，観念の一種に過ぎない。リニアな成長は，成長の中の一種で，それを促す行いとしての教育も，教育の中の一種であることを，梅子涵の作品が教えてくれている。

　ピーターパンのエクリチュールは，「成長を拒む」生々しさと，「成長せざるを得ない」生々しさとの間，または言い換えれば「自由」と「不自由」との間に展開される戦略的な倒錯の戯れである。そこには痛々しい非難がなく，やっきになってわめきたてるアピールもない。ただ無力と感傷へ敬い畏れを払い，あらゆる言説が言葉である以上，存在を必ず規制するものだと痛感しつつ，根底から「成長」とは何か，「成熟」とは何か，「教育」とは何かを，問い詰めている。

　　［付記］本章は，李黎との共同執筆で，『教育学報』（2006年第2号）に掲載される同名の論文の日本語の部分訳である。梅子涵のテクストの訳は，東京大学文学部の戈文来氏の手によるものを若干修正した。この場を借りて戈文来氏に謝意を表したい。

注

1）ロラン・バルトにおいて，作品とは，ある限定された著者による，確定された意味内容を指し示す書物であるのに対して，テクストは「書物のように現実に存在し，読者に意味を読み取られるのを待つ受動的存在ではなく，読む行為の内に初めて現

第 3 部　子どもと文化

れる作用であり，意味の生成である。」(小坂 1984：182-183)

参考文献

柄谷行人（2004）『日本近代文学の起源』岩波書店。

小阪修平ほか（1984）『別冊宝島44　現代思想・入門』JICC 出版局。

蓮實重彥（1985）『表層批評宣言』筑摩書房。

バリ，J. M., 厨川圭子訳（1954）『ピーターパン』岩波書店。

（賀　暁星）

第11章

ポスト心理主義時代の「子ども」の多元的解放
―― 「溶解／フロー体験」と「非標準化／脱標準化」

　　本章では，「無限の可能性」を内包する〈子どもの標準化〉を，「子どもの苦しみ」を生み出す文化構造と捉える。この文化構造の制度化と深く関わっている「発達のストーリー」とは異なる「子ども世界」の記述を目指した。そこで1990年代以降の少年少女マンガを対象に2つの視点から記述を行った。第一は，メインキャラクターに付与された「負のラベル」（スティグマとみなされうる蓋然性の高い記号）が「溶解／フロー体験」により「葛藤や不安」につながらないことを示す。第二は，「葛藤と不安」と「大人社会との交流（非標準化／脱標準化）」の視点から「解放」というオルタナティブな物語を提示する。この2つを通して，学校教育における〈溶解／フロー体験〉と〈子どもと大人の多元的な関わりの場〉の喪失の問題を論じた。

1　「発達」概念による「子どもの標準化」と「隔離」

　「子ども」というキーワードに，「発達」という用語が結びつくことは，極めて一般的である。

　フィリップ・アリエス（Ariès, Philippe 訳書 1980）以降，「子ども」という概念をめぐる問い直しや「子ども」観の再編成が活性化してきた。アリエス（訳書 1980）は，近代に入り，徒弟制度から学校教育制度に移行する中で，子どもは大人社会の中で，大人と接触するうちに人生を学ぶことをやめたという。アリエスの論考において極めて興味深い視点は，「子ども期・青年期」の「大人社会からの隔離」，という問題である。

　また「発達」という概念は，今や神話のように教育に定着している。幼児期，児童期，思春期，青年期といった「子ども」期は，近代学校教育の制度化に伴

い，拡張されながら同時に制度化されてきた。学習指導要領や生徒指導提要（いずれも文部科学省）においては，「発達段階」に応じた指導や支援を行うことが要請されている。

この「大人社会からの隔離」と「発達」の論理は，ある種，均質的な子ども集団を想い起こさせ，直線的，段階的に誰しも発達するかのように無限の可能性を教育に定着させてきた。内田（2011：30）は，「教育の場では『君は無限の可能性がある』という言明と，『君には有限の資源しか与えられていない』という言明は同時に告げられなければならない。」と指摘する。しかしながら，「発達」というキーワードでは，「全員に平等な可能性」が強調されるのである。

ところが，「全員に平等な可能性」という「発達」のイメージは，同時に，「ある年齢で，達成されていない認知能力や身体機能」を「問題」と感じさせる目線につながっている。たとえば，1歳児検診，2歳児検診などで，子どもの発達に「不安」を感じたという保護者は少なくない。

そのため，保護者や教師が「発達」という概念で子どもをまなざす時，それは「苦しみ」を子どもに与える可能性をも意味する。ある年齢段階の「発達」イメージにそぐわない（発達課題を達成していない）子どもは，問題のある子どもと捉えられうる。広田（1999）は，童心主義・厳格主義・学歴主義の子育てでパーフェクトを期待するがゆえに苦しむ家族の問題を指摘した。「パーフェクトチャイルド」幻想とは，マルチスペックな子どもへの発達を期待し，それゆえ，子どもの発達に不安や不満を感じるという保護者の姿を指摘している先行研究として極めて重要である。このように現代の家庭教育や学校教育では，「発達」概念による「子どもの標準化」の結果，ある種の子どもの理想化が進行し，子どもをまなざす上で「何が劣っているか」という減点法の観念を創出している。

本章では，こうした「無限の可能性」を内包する〈子どもの標準化〉を，「子どもの苦しみ」を生み出す文化構造と捉える。そして近代学校教育の制度化に伴い，発達概念が制度化されてきた経緯を踏まえ，発達のストーリーとは異なる「子ども世界」の記述可能性を拓きたい。

2 「発達」による理想化と排除の構造

(1)「無垢」「純真」という大人との異化

〈子どもの標準化〉は,「発達」という概念からのみ構成されてきたわけではない。これまで「子ども」というカテゴリーは,ある種,政治的なレトリックとして構成されてきたことが知られている。たとえば,中河・永井（1993）は,「無垢」という子どものレトリックが,環境の一部を「有害」として分節化されていく過程に伴って構成されてきたことを論じている。このような観念,すなわち,低俗番組という表現にあるように,「有害な環境」をコントロールすることで,子どもの成長がコントロールできる,という観念は,今根強く存在している。

また,「イノセンス」という概念で,「子ども」を論じたのが芹沢（1989）である。子どもは3つの受動性をもっている。第一に子どもは生まれてくるか否か選択できない。第二に子どもは親を選択できない。第三に子どもは自分の身体及び性を選ぶことができない。芹沢（1989）は,「大人になる」ことを,3つのイノセンスを捨て,選び直す作業と捉えている。芹沢は,学校教育によって猶予される選び直しの時期に,"いい子"および"いい子"以外になることを諦めさせる「去勢化」（芹沢 1989：15）が行われるという。

すくなくとも,両者に共通するものは,「大人イメージ」との異化と「学校教育や家庭教育における大人社会からの隔離」を「子ども」概念の成立過程として捉えている点である。

(2)「子どもの標準化」と「葛藤」「不安」の克服

「わんぱくでもいい,たくましく育ってほしい」というかつて有名なコマーシャルのキャッチコピーがあった。しかしながら,先に示した「発達の論理」による〈子どもの標準化〉では,子どもの可能性を全面的に語りながら,標準から外れる子どもを排除するというパラドキシカルな現状が生まれてきた。

「発達」という概念においては,子どもには子ども独自の世界があり,彼ら

彼女らの「経験はさまざまな葛藤や不安を生じさせはするが、それら『危機』『不均衡』『矛盾』は、主体をより高次の統一性へと導くものであり」、「主体の同一性の完成へと向かう『物語』」（矢野 2008：204）が設定されている。

「葛藤と不安」についてであるが、「大人」と異化する見方により、「子ども」という概念が成立してきたことは、「発達」という物語を社会に根付かせてきた。そのため、ある種の「成人」「大人」を一つのゴールとする発達の物語は、「自我の確立」「自己実現」といった完成図を想定する。

一方、学校における子どもの「葛藤と不安」とは何だろうか？ 河合（1997）は、谷川俊太郎の「皆が画一的に行動するのについていけないと感じた」という経験を引用する。この種の経験は別段珍しいことではないだろう。ある種の学校教育で標準化が求められ、その結果、その標準とは異なる場合、「葛藤や不安」が生み出されうる。とりわけ、他者から烙印（スティグマ）をおされたり、自らの抱えこむ烙印（自己スティグマ化）により、「葛藤」や「不安」が起こりうる。学校における標準化（河合の言葉では画一化）が、子どもたちに烙印（スティグマ）を与えているのである。

このように考えた場合、学校（子どもを取り巻く環境）において、標準化になじまない（負の烙印をもちうる）子どもたちは、どのように生を送っているのか？ ここで、あえて「生（life）」という用語を用いた。それは、葛藤や不安を、乗りこえるべき悩み（成長の糧）や回復すべき痛みではなく、個々の子どものライフストーリーとともにあるもの、という見方を意味する。つまり「葛藤や不安」を、「成長の糧」や「回復すべき痛み」という捉え方そのものが、子どもを救済されるべき客体と捉えると同時に、ある種の烙印を押す政治性と権力となることを問題にしたいのである。

（3）「溶解／フロー体験」と「子ども」

ところで、教育学や心理学において、「発達」という高次の統一性へと導かれない「溶解体験」については、考察の外におかれがちである。「溶解体験」とは、たとえば「遊び」において子どもが「世界と自分とを隔てている境界が溶けるという自己の溶解」の「体験」（矢野 2008：200）を意味する。同様の

キーワードでは，チクセント・ミハイ（1979）の「フロー体験」がある。「フロー体験」とは，夢中になることによって生じる一種の忘我状態を意味する。

かつて，佐藤（1984）は，暴走族の世界を「フロー体験」に着目して描くことで，彼ら彼女らの意味生成の空間を描くことに成功した。この研究は，「何故，暴走族をするのか」ではなく，「どのように暴走族の生活世界を過しているのか」という問いにこそ，若者文化を読み解く鍵があることを提示している。

（4）本章の視点と記述

そこで，本章では少年少女マンガを対象に2つの視点から記述を行う。第一は，メインキャラクターに付与された「負のラベル」（スティグマとみなされうる蓋然性の高い記号）が「溶解／フロー体験」とどのように関わっているかを描く。第二は，「葛藤や不安」と「大人との社会生活」に着目して，「発達」とは異なる「解放」のオルタナティブな物語を描く。なお，本章では，1990年代以降のマンガのうち，賞を受賞した作品やアニメ化・映画化・ドラマ化された作品，話題となった作品を取り上げる。ただし，ここで対象となっていないマンガを問題としない。というのも，本章の目的が，網羅的なマンガ分析による時代区分の考察ではなく，「発達」のストーリー（「成長の糧」「回復」）以外に，子どもたちの「葛藤や不安」を解消しうるストーリーがありうることを示すことにあるためである。

3　負のラベルと溶解／フロー体験

本節では，少年少女マンガにおけるメインキャラクターに付与されている「負のラベル（スティグマとなりうる蓋然性の高い記号）」をみてみたい。

そもそもマンガの主人公やメインキャラクターには，負のラベルが付与され，その時代の標準とは異なる主人公が描かれやすい。たとえば，『巨人の星』における星飛雄馬の出自（日雇い労働者，単親家庭）や『あしたのジョー』における矢吹丈の「孤児」という設定によって，主人公に「負の属性」が付与され

る。『ガラスの仮面』の北島マヤも「貧しい家庭」の出自となっている。1980年代以前は，特に低所得階層の出自をある種の記号として，描かれることが多かったが，『タッチ』『キャプテン翼』といった1980年代に人気を博すマンガでは，中産階級の出自に移行し，その負の烙印が多様化する。『タッチ』では，双子の弟カズヤと比較され，「劣っている」という烙印をおされるタツヤ，「サッカー馬鹿」とマイノリティスポーツの烙印を押される翼。これらは，学校の人間関係の中で，「スティグマ（負のラベル）」が決定されることを示している。

1990年代以降の少年少女マンガではどのような「負のラベル」が描かれているだろうか。これをまとめたものが表11-1である。

表11-1にいくつかのマンガに描かれたキャラクター（主に主人公）の「負のラベル」を示した。これらのマンガにおいては，「ラベル」が「葛藤」「不安」につながるケースと，つながらないケースの2つに大別できる。そこでまず「葛藤」「不安」につながらないケースについてみてみたい。結論を先に述べると，これらのラベルを主人公の「天真爛漫さ」「マイペースさ」を構成するプロットとしているマンガがそれにあたる。

表11-1に示すように，主人公（及びメインキャラクター）に単親家庭あるいは孤児という出自が多く描かれている。ところが，多くの場合，この「恵まれない（という想起を引き出す）環境」は，「天真爛漫さ（あかるさ）」＝「無垢」「純真」のイメージを際立たせるプロットとして用いられていることが多い。たとえば，『One Piece』『NARUTO』『HUNTER×HUNTER』に登場するルフィ，ナルト，ゴンは，「純真」「無垢」といったカテゴリーを想起するキャラクターである。不良マンガでは，『WORST』の花，『クローバー』の美咲隼人も同様に，「笑顔」の絶えないキャラクターとして描かれている。とりわけ，こういった「笑顔」「無邪気」を表象する描写表現が，主人公に付与されることで，「純真」「無垢」イメージがさらに際立たされる。

他に，「無垢」「純真」を構成する上で負のラベルをプロットとするものには，「帰国子女」というメインキャラクターの描き方をした『とめはね』，スポーツをする上での「身体的ハンデ」を描いた『黒子のバスケ』『アヒルの空』も同様である。同様の天真爛漫さでは，『好きっていいなよ』の橘めいも，「彼氏い

第11章　ポスト心理主義時代の「子ども」の多元的解放

表11-1　負のラベルの例

負のラベル	マンガ題名	第1巻発行年	負のラベルの具体的内容
穢れ（血縁）	『うしおとトラ』	1990	お役目様の血，単親家庭
	『ぬらりひょんの孫』	2008	人間の血の混じった妖怪
穢れ（地縁）	『ピアノの森』	2006	治安の悪いスラム（森の端）
帰国子女	『とめはね』	2007	帰国子女，孤立，マイノリティ部活
身体的ハンデ	『黒子のバスケ』	2009	身体的ハンデ（黒子テツヤ）
	『あひるの空』	2004	身体的ハンデ
単親家庭／両親不在	『赤ちゃんと僕』	1992	母親不在
	『MAJOR』	1995	母親不在→後両親不在
	『WORST』	2001	孤児
	『One Piece』	1997	両親不在（里親ダダン：父親は生き別れ）
	『HUNTER×HUNTER』	1998	母親不在（父親も消息不明）
	『NARUTO』	2000	両親死別
	『クローバー』	2007	両親死別
	『べしゃり暮らし』	2010	母親不在
保護者との不仲	『Dreams』	1996	父親との不仲
落ちこぼれ	『のだめカンタービレ』	2002	音楽大学落ちこぼれ
	『銀の匙　Silver Spoon』	2011	中高一貫進学校ドロップアウト
	『暗殺教室』	2012	エリート校の落ちこぼれ
中卒・高校中退	『リアル』	2001	中退，孤立
	『ドラゴンジャム』	2010	中卒
オタク	『弱虫ペダル』	2008	秋葉通い（アニメオタク）
家族コンプレックス	『ちはやふる』	2008	モデルの姉へのコンプレックス
性的犯罪	『惡の華』	2009	女子体操服盗，他
いじめ	『カメレオン』	1990	いじめられっ子，高校デビュー
	『疾風伝説　特攻の拓』	1991	いじめられっ子
	『史上最強の弟子　ケンイチ』	2002	いじめられっ子
	『ライフ』	2002	リストカット，孤立，いじめ，自己嫌悪
不良	『SLUM DANK』	1990	不良というラベル
	『クローズ』	1990	不良というラベル
彼氏いない歴	『高校デビュー』	2004	中学まで部活少女
	『好きっていいなよ』	2008	友達いない暦16年，父親不在

153

ない歴16年」「友達いない歴16年」というラベルを付与されているが，むしろ彼女のマイペースさを描くプロットとなっている。また『高校デビュー』の中嶋晴菜は，中学まで部活少女という負のラベルがあるが，体育会系のあかるくへこたれないキャラクターを構成するプロットである。また「オタク」でも自分の趣味を大切にしたまま自転車競技に参入する『弱虫ペダル』では，同じ趣味の友人がいなくとも，秋葉通いを楽しむ主人公のライフが描かれている。

　これらの物語において，「負のラベル」には，スティグマとなる蓋然性が構成されながらも，本人の「葛藤や不安」にはつながっていない。むしろ，多くはキャラクターの「天真爛漫さ」「無邪気さ」「マイペースさ」を構成する上で用いられるプロットとなっている。この中で特に「マイペースさ（自分は自分）」の描かれるキャラクターでは，「負のラベル」が，自己スティグマ化されたり，葛藤や不安につながることはほとんどない。むしろ，スポーツ，ケンカ，恋愛に熱中する中で，葛藤や不安は生まれるものの，それは「溶解／フロー体験」内の出来事として消化されていく。

　たとえば『ちはやぶる』では，モデルをしている姉と比較し，両親の無関心を自己スティグマ化した主人公ちはやの悩みが時折描かれる。しかしながら，それはそれとして「競技カルタ（百人一首）」での喜びと苦悩が大きくなるにつれ，自己スティグマ化から解放されていく（後に，自分に関する新聞記事を親がスクラップしたものをみつけ，その不安からは完全に解放される）。

　ところで極めて異質な作品として話題となった『悪の華』という作品がある。このマンガでは，クラスで浮くわけでもなく，それなりに関係をつないでいた春日は，女子の体操服をはずみで盗んでしまう。それを同級生の仲村佐和に目撃され，ともに過ごす契約をさせられ，破壊行動・破滅行動にハマっていく。この作品では，一読すると解決されえない「葛藤と不安」が描かれているようにも思える。しかし，春日と仲村にとって，「破壊行動・破滅行動（女子の下着を盗んで隠れ家に吊す，教室を破壊しズタボロにする，マツリの日に焼身心中を試みる，等）」に熱中していく過程で，「溶解／フロー体験」を得ているのだ。「溶解／フロー体験」は常に大人の望む活動・経験とは限らない。砂場で他人がつくった砂山を足で踏みつぶしてまわる幼児をみてもわかるだろう。た

だし，その「溶解／フロー体験」によって，自己が解放されているのである。

このように，少年少女マンガにおいて，（多くは）スポーツや恋愛，ケンカに熱中している間，すなわち「溶解／フロー体験」を体感している間，「負のラベル」に起因する心的葛藤が問題化されない，というプロットとなっている。

4 「葛藤や不安」と「非標準化／脱標準化」

一方，負のラベルがスティグマ化し，自己の「葛藤と不安」を構成するマンガもいくつかある。バイク事故による高校中退の苦悩を表現する『リアル』，中高一貫の進学実績校から農業高校へドロップアウトした主人公を描く『銀の匙 Silver Spoon』，森の端（歓楽街）の出自による差別をうける一ノ瀬カイを主人公とする『ピアノの森』，自己嫌悪を自己スティグマ化した椎葉歩を主人公とする『ライフ』などである。これらのマンガでは，「葛藤や不安」とともに生きる主人公や登場人物の姿が描かれる。

『リアル』では，高校中退の野宮朋美，骨肉腫により車椅子生活となった戸川清春，交通事故により下半身不随になった高橋久信の3人の視点で，現実否定と肯定の交差する物語が展開される。野宮は戸川との出会い，戸川はカリスマ彫り師の虎との出会い，高橋はプロレスラー白鳥やオタクの花咲との出会い，といった，それぞれのライフストーリーの交差から，オルタナティブな生き方を模索し，「葛藤や不安」とともに生きるライフへと変容していく。『ピアノの森』では，主人公は，森の端の娼婦，運び屋，ストリップダンサー，理不尽な大人達とともに，児童労働をさせられながら育っている。元有名ピアニストの阿字野壮介の薫陶を受けるようになるものの，「コンクールの規格外のピアニスト」として，コンクールでの受賞に至らない経験をもつ（最終的に，第25巻でショパンコンクール1位）。森の端での生活に「苦しみ」をもちながらも，その生活の中で得てきたことをショパンコンクールのファイナルで，大切な人生史の一つとしながら演奏する姿が描かれる。『ライフ』では，リストカット癖をもつ自己嫌悪の自己スティグマ化した椎葉歩は，高校の同級生と一線を画す〈標準化されない〉羽鳥未来との出会いから，「自己嫌悪」の負のスパイラ

ルから脱していく。

　これらの物語で，清春の出会った「虎」も，高橋の出会った「白鳥」も，カイの出会った「大人達や阿字野」も，歩の出会った「未来」も，標準化されない（ある種逸脱的な）大人や少女である。そしてそれらの物語に共通するものは，大人や友人が「葛藤や不安」の乗りこえ方を教えようとしないことである。むしろ，ともに生きる中で，葛藤や不安とともに生きるというオルタナティブストーリーが展開されている。そこには，「葛藤や不安」を構成する一元的な世界（標準化された物語）から，少年少女を多様なチャンネルで多元的な世界（多元的なモラルコミュニティ）へつなぐ役割を果たしている。すなわち，子どもたちは，多元的で多様な生活とのつながりを，「教育しようとしない大人」「標準化されない子ども」（脱標準化された大人や子ども）とのつながりの中で得ている。

　このことをさらに，『銀の匙』を事例として詳しくみてみたい。『銀の匙』では，主人公の八軒勇吾は，「夢がないこと」「親の自分への無関心」「競争社会における挫折感」を抱えて，農業高校へ入学した。しかしながら，農業高校の生活に慣れる自分に戸惑いながらも，「ピザづくり」「ベーコンづくり」などに熱中し，徐々にその世界にはまり込んでいく。この過程で，受験社会のスティグマによる悩みが，新たな葛藤や不安にすり替わっていく。たとえば，自分が名付けて愛情をもって育てた豚をベーコンにすることで，感情が割り切れない体験をする。

　　同級生「模範解答のない問題だもんな。」
　　八　軒「正直，自分のやったことが良いのか悪いのかもわかんないし。考
　　　　　えすぎて頭痛ぇ。」
　　同級生「お前ほんと真面目だなー」「もっと楽に考えりゃいいのに。」
　　　　　　　　　　　　　　　　　　　　　　　（『銀の匙』，第4巻，38頁）

　このように農業高校では，〈生：生きること〉や〈職業：働くこと〉に直結した問題に出会い，これまでの受験校生活で得てきた習慣や観念が相対化され

第11章　ポスト心理主義時代の「子ども」の多元的解放

ていく。

　これらのプロセスでは，これまでの生活になかった新たな生活への順応，生きることや働くことに直結した「悩み」，高校のさまざまなイベントへの巻き込みにより，「溶解／フロー体験」を経験していることである。前節でラベルがスティグマ化されないことを描いたが，それらのマンガでは〈いま＝ここ〉に熱中するが故に生じる「溶解／フロー体験」により，「葛藤や不安」から解放されている。ところが「溶解／フロー体験」により「葛藤や不安」から解放されているものの，『銀の匙』において，葛藤や不安は消去された訳ではない。

　「うん，逃げてきてよかった。この学校も仲間も好きだ。もう逃げた事に後悔はしない。けど，俺の場合，置いてきた問題が消去された訳じゃないです，校長先生……」
　　　　　　　　　　　　　　　　　　　　　　　　　（『銀の匙』，第7巻，83-84）

　このように，自己スティグマ化から解放されることは，「葛藤と不安」とともに生きることでもあった。このともに生きるというオルタナティブなストーリーは，「完成されない人格」としての「大人」との出会いにより創出されている。

　〈ばんえい競馬における暴れている馬を毛並み手入れで落ち着かすシーン〉
　八軒「すげー，馬の気持ちがカンペキにわかるんスね。」
　駒場「さすがだぜ。」
　アキのおじ（がはははは，と笑いながら）「なに言ってんの。馬の気持ちなんてカンペキにわかる訳ないっしょ‼　同じ人間同士でもわかり合えない奴がいるのに，種族の違うモンの気持ちがホントにわかる訳ねーべ‼　そんなんファンタジーの世界だよ‼　学生さんは夢があっていいねー‼」（がはははは）　　　　　　　　　（『銀の匙』，第1巻，131頁）

　農業高校で出会う教員，同級生の家族（農家），など，極めて職業社会に近い大人たちとの会話が多い。この作品で描かれる大人には，「子どもからみて

157

教師らしくない教師」「大人げない大人」，いわば人間味のある大人との出会いの中で，時に人生の在り方，割り切れない気持ちを持ちながら生きる生き方等を徒弟制度のような社会関係の中で共有していく。

　このような「大人」との会話は，ある種，コメディの要素を含んでいるが，こういった「大人げない」会話をする大人を信頼する姿は，多くのマンガで見られる。たとえば，『One Piece』のシャンクスとルフィ。『NARUTO』のカカシとナルト。『ちはやぶる』における白波カルタ会の原田先生とちはや。『リアル』における戸川清春と虎，『リアル』のスコーピオン白鳥と高橋。

　これらのマンガにおける「大人」は，標準化されない大人（不完全な人間をさらけ出せる大人）である。そして「標準化されない大人」「脱標準化された友人たち」とともに過ごす場において，子どもたちは多元的な世界観（非標準化／脱標準化の生き方）を構築していく中で，「葛藤や不安」から解放されていると言えるだろう。

5　解放のストーリーを求めて

　「発達」と「大人社会からの隔離」が何を意味しているか。マンガにおける「負のラベル」という標準からの逸脱（非標準化／脱標準化）は，ある種の「子ども観」「大人観」に対する決定的な異議申し立てである。

　「大人社会からの子どもの隔離」とは，子どもに理想の発達を強いるための「大人の不完全さ」からの隔離を意味している。ある種の「環境」を理想的な発達を阻害する「環境」と捉える見方は，それ以外の環境にいる「大人」を理想化することを意味する。その結果，「大人」は，「自分でない理想的な何者か」を子どもの前で演じなければならず，その結果，お互いが「苦しみ」「葛藤」「不安」を抱えやすい物語を構成している。

　またマンガの物語を記述する作業を通じて見えてきたことの今一つは，少年少女の「葛藤や不安」は決して解決・解消される訳ではなく，むしろ抱えながら生きていくということである。「葛藤や不安」を乗り越える高次の統一性が発達のモデルであるが，このことが逆に子どもを苦しめている。「回復」「成

長」といったキーワードは，現在を「病・傷」「未熟」とみなすことを意味する。私たち（大人世代）は，「葛藤や不安」を乗りこえたのではない。むしろ現在の生活を肯定する生き方をしているからこそ，過去の負の出来事も肯定的に語ろうとするのだ。言い換えるなら，今の生活が苦しければ，「原因としての過去」に苦しむことになるかもしれない。「結局，乗りこえなきゃ」とか「回復できる」という語りかけは，ある意味で苦しみにいる子どもを救済しようとするかのようにみえる。しかし，この言い回しは，現在の私たちの生活の立ち位置に従った声であり，ある意味では，極めて乱暴かつ危険な〈語り〉の用法でもある。むしろ，マンガから見えたことは，非標準化／脱標準化という「自己」の解放の重要性であった。

このことは，「発達の論理」「学校という大人社会との隔離」によって喪失された人生の物語を提示している。山田（2004）は，マンガにあらわれた教師像から，古い熱血教師の物語ではなく，子どもたちを熱血にしてくれる大人を子どもが待っていると論じた。すなわち，マンガが表象している問題は，学校教育における〈溶解／フロー体験〉と〈子どもと大人の多元的な関わりの場〉の喪失ではないだろうか。

参考文献

アリエス，Ph., 杉山光信，杉山恵美子訳（1980）『「子供」の誕生——アンシァン・レジーム期の子供と家族生活』みすず書房.

グッドソン，I. F., 藤井泰・山田浩之編訳（2001）『教師のライフヒストリー』晃洋書房.

広田照幸（1999）『日本人のしつけは衰退したか——「教育する家族」のゆくえ』講談社現代新書.

河合隼雄（1997）『子どもと悪』岩波書店.

チクセントミハイ，M., 今村浩明訳（1979）『楽しみの社会学——不安と倦怠を越えて』思索社.

森田伸子（1993）『テクストの子ども』世織書房.

中河伸俊・永井良和（1993）『子どもというレトリック——無垢の誘惑』青弓社.

佐藤郁哉（1984）『暴走族のエスノグラフィー』新潮社.

第 3 部　子どもと文化

芹沢俊介（1989）『現代〈子ども〉暴力論』大和書房.
内田樹（2011）『呪いの時代』新潮社.
山田浩之（2004）『マンガが語る教師像』昭和堂.
矢野智司（2008）『贈与と交換の教育学――漱石，賢治と純粋贈与のレッスン』東京大学出版会.

（白松　賢）

第12章

ラベリングといじめ

　子どもを教育するにあたり「子どもにラベルを貼ることはよくないことだ」ということを聞いたことのある人は多いのではないだろうか。たとえば，教師がある子どもに対して「問題児」「不良少年」「勉強ができない子」などのラベルを貼った場合，その子どもの可能性をつぶすことにもなりかねない，といった具合にである。
　このようなラベリングの負の作用に着目したのが，ラベリング理論である。ラベリング理論とは，ベッカー（Becker, H.S.）によって提唱された逸脱の社会学理論であり，当時の社会学ひいては社会学に隣接する学問分野に多大な影響を与えた。
　本章では，まず，ラベリング理論とはそもそもどのような理論であり，従来の理論との違いはどこにあるのか，という点について紹介する。続いて，今日，主たる学校問題の一つと考えられているいじめを取り上げ，ラベリングといじめとの関係について考えることとしたい。

1　ラベリング理論とは何か？

（1）逸脱の定義

　ラベリング理論の最たる特徴の一つは，"なにをもって逸脱とするのか"という逸脱の定義の仕方にある。宝月（2004）は，逸脱の定義の代表的な立場として，次の3つを挙げている。第一に，「行為者が社会的に有害な結果をもたらす行為を行った場合など，その病理的な側面にもとづいて逸脱を定義する立場」（38頁）であり，こうした立場に基づく定義を「病理的定義」と呼ぶことができる。この立場によれば，逸脱は「人々や社会にとって何らかの望ましくないあるいは有害な結果を伴うと想定される病理的な特性を有する行為・行為者・状態」（39-40頁）ということになる。

第二に,「行為の属性よりも社会の構造的要因のひとつである規範ないしは規則に関連させて逸脱を定義する立場」(39頁)であり,こうした立場に基づく定義を「規範的定義」と呼ぶことができる。この立場によれば,逸脱は「何らかの規範・規則からはずれたり,それを無視したりする行為」(39頁)ということになる。

　これら2つの立場は,いずれも極めて常識的であると言えよう。"逸脱とは何か"ということを問われたならば,大半の人々は,これら2つの立場のいずれかに基づく主張をするのではないだろうか。

　しかし一方で,「病理的定義」「規範的定義」ともに,課題・問題点がある。「病理的定義」に関していえば,"どの時代,どの社会においても,ひとしく「有害」「病理」と断言することができる行為は存在するだろうか"という疑問が生じる。殺人を例にとってみても,平時であれば問題視され,重い罪に問われるであろう。ただし,戦時中であれば「自国の安全や国際平和のためにはやむを得ないことである」と容易に正当化され,「敵兵」を数多く殺傷することは賞賛の対象ともなりうる。

　「規範的定義」に関していえば,"法律に代表されるような規範があれば,自動的に逸脱行為や逸脱者が生み出されるのか"といえば,決してそうではないことに気づくであろう。たとえば,交通違反を例にとってみても,スピード違反をした人すべてが等しく罰せられるわけではない。異なる人が同じ行動をしたとしても,ある人は罰せられ,ある人は罰せられない,ということが起こりうるのである。それゆえ,"規範が社会生活の中で,個々の行為や行為者に対して実際にどのように適用され,解釈されるのか"という点についても検討する必要がある。

　逸脱の定義の第三の立場は,人々の「相互作用を通じて逸脱の定義が社会的に生み出されることを強調する」(39頁)立場であり,こうした立場に基づく定義を「構成主義的定義」と呼ぶことができる。この立場によれば,逸脱は,誰かがある特定の行為を逸脱と見なし,ある人を逸脱者と判断し,そうした認定が社会的に受け入れられたときに生じることとなる。

　こうした「構成主義的定義」に従えば,「逸脱」とされる行為・行為者に

「有害性」や「病理性」が内在していると仮定する必要がなくなる。また,「構成主義的定義」では,逸脱が人々の相互作用を通じて社会的に生み出されるという立場をとることから,"規範が社会生活のなかで,ある行為ないしは行為者に対して実際にどのように適用されるのか"ということに大きな関心が払われることとなる。それゆえ,「構成主義的定義」は,「病理的定義」と「規範的定義」の双方に課せられた課題・問題点を乗り越える形で生まれてきた,といえるだろう。

ラベリング理論における逸脱の定義は,これら3つの立場のうち「構成主義的定義」に属するものである。ラベリング理論を提唱したベッカー(Becker, H.S.)は,逸脱を次のように定義している。

> 社会集団は,これを犯せば逸脱となるような規則をもうけ,それを特定の人びとに適用し,彼らにアウトサイダーのレッテルを貼ることによって,逸脱を生み出すのである。この観点からすれば,逸脱とは人間の行為の性質ではなくして,むしろ,他者によってこの規則と制裁とが「違反者」に適用された結果なのである。逸脱者とは首尾よくこのレッテルを貼られた人間のことであり,また,逸脱行動とは人びとによってこのレッテルを貼られた行動のことである。
> 　　　　　　　　　　　　　　　　　　　(ベッカー 1993:17)

ベッカーは,逸脱の本質的な要素を「逸脱」とされる行為そのものではなく,ある行為に対する他者の反作用に求めた。このことは,逸脱研究の関心を,法律に代表されるような規則をつくる側や規則を適用する側に向けさせた,という点において極めて画期的であったと言えよう。

(2) 逸脱行動の深化の過程

ラベリング理論の特徴は,逸脱行動の深化の過程に関する説明にもみられる。それを簡単に紹介すると次のようになる。

逸脱者のラベルを貼られた者は,周囲から,今後も逸脱行為を行うであろう危険人物と見なされる。その結果,逸脱者のラベルを貼られた者は,たとえま

っとうな社会生活を送りたいと考えていたとしても，職場や地域社会などへの参加を拒まれ，経済的困難や心理的孤独に陥ることとなる。

　このような事態を解消するために，逸脱者のラベルを貼られた者は，生活の糧を得るために再度逸脱行動に着手したり，心理的な孤独をまぎらわすために組織化された逸脱集団に加入したりする。それをみた周囲の人々は，当初の考えが正しかったことを確信し，逸脱者の排除をより強化していく。そのため，逸脱者のラベルを貼られた者は，ますます逸脱者として生きていくしかないと考え，逸脱的アイデンティティを形成し，逸脱行動を深化させていく。

　こうした逸脱行動の深化の過程に関する説明は，マートン（Merton, R. K.）の「予言の自己成就」（self-fulfilling prophecy）をもとにしている。そこで，「予言の自己成就」について説明したいが，まずは次の2つの予言（小林・木村編 1991：21-22）をみてもらいたい。

　　予言A　「○月○日に大地震がある」
　　予言B　「×月×日に株が大暴落する」

　いずれの予言もまったく根拠のないデタラメであったと仮定しよう。しかし，予言Bについては，場合によっては叶ってしまうことがある。それはなぜか。予言Aに関していえば，たとえ人々がそれを信じたとしても，非常食や防災器具を購入するなどの行動を起こすにとどまる。このことによって，予言が叶うことはない。

　その一方で，予言Bに関していえば，株を所有している人々がそれを信じた場合，株価が安くなる前に株を売り払うという行動を引き起こす可能性が高い。その場合，大量の株が市場に出回ることとなり，結果として株価が暴落することとなる。これを「予言の自己成就」という。それでは，予言Aと予言Bとの違いは何か。予言Aは自然現象である一方で，予言Bは人々の相互行為によって引き起こされる社会現象である。「予言の自己成就」は，社会現象において引き起こされることがありうるのである。

　マートンは，「予言の自己成就」を次のように定義している。「最初の誤った

状況の規定が新しい行動を呼び起し，その行動が当初の誤った考えを真実(リアル)なものとすることである」(マートン 1961：384-385)。

このようなマートンの「予言の自己成就」をもとに，ベッカーは，逸脱行動の深化の過程について説明を試みた。その説明は，"犯罪を減少させるためには，犯罪を徹底的に取り締まる必要がある"とする，いわば常識的な考えに対して警鐘を鳴らすものである。犯罪を徹底的に取り締まることは，数多くの人間に「犯罪者」のレッテルを貼ることとなる。そのことは，レッテルを貼られた人々のさらなる犯罪行動の着手を促し，結果として犯罪の増加をもたらすことにもなりかねないからである。

2　ラベリング理論に対する批判

ラベリング理論は，逸脱の捉え方そのものを転換させるとともに逸脱研究の関心を，規則をつくる側や規則を適用する側に向けさせた，という点等において，逸脱研究を大きく前進させることに貢献した。

その一方で，ラベリング理論は，その後，いくつかの批判にさらされた。ここでは，代表的な批判を2つほど取り上げ，紹介したい。

(1) ラベリング理論が抱えていた矛盾

ベッカーは，"ある行為が逸脱と認定されるかどうか"という軸と"ある行為が一定の規則に同調しているかどうか"という軸を組み合わせ，逸脱行動を4つに類型化している (表12-1)。

「誤って告発された行動」とは，規則に同調した行動であるにもかかわらず，逸脱と認定されてしまった行動のことである。「正真正銘の逸脱」とは，規則

表12-1　逸脱行動の類型

	順応的行動	規則違反行動
逸脱と認定された行動	誤って告発された行動	正真正銘の逸脱
逸脱と認定されない行動	同調行動	隠れた逸脱

出典：ベッカー，1993：31。

に違反した行動であり，かつ，逸脱と認定された行動のことである。「同調行動」とは，規則に同調した行動であり，かつ，逸脱と認定されない行動のことである。「隠れた逸脱」とは，規則に違反した行動であるにもかかわらず，逸脱と認定されない行動のことである。

以上の説明は，一見もっともらしい。しかし，ベッカーによる逸脱の定義をあらためて確認してもらいたい。ベッカーは，"逸脱とは人間の行為の性質ではなく，他者によって規則と制裁とが適用された結果である"と主張している。この主張を踏まえるならば，他者から「逸脱」と認定された行動は総じて「逸脱」であり，「逸脱」と認定されない行動を「逸脱」ということはできない。すなわち，「隠れた逸脱」は，定義上存在しないことになるのである。

こうしたラベリング理論への批判を乗り越える形で誕生したのが，社会構築主義である。その提唱者であるキツセ（Kitsuse, J. I.）とスペクター（Spector, M. B.）は，社会問題の社会学という新たな分野を打ち立てた。キツセとスペクターは，社会問題を「なんらかの想定された状態について苦情を述べ，クレイムを申し立てる個人やグループの活動である」（キツセ・スペクター 1992：119）と定義し，社会問題の理論の中心課題をクレイム申し立て活動とそれに反応する活動の発生や性質，持続についての説明に求めた。

ラベリング理論は，逸脱を他者の反作用の産物としつつも，「正真正銘の逸脱」や「隠れた逸脱」という言葉にみられるように，逸脱とされる行為や状況が「客観的」に存在するという考えから完全に脱却することができなかった。

その一方で，社会構築主義は，問題とされる状態が実際に存在するかどうかということはあえて不問とし，ある想定された状態に対する人々の社会的反作用に照準し，社会問題が構築される過程を明らかにしようとした，といえるだろう。

（2）レッテルを貼られた人々の主体性の軽視

ラベリング理論では，逸脱者のラベルを貼られることによって，逸脱行動のさらなる深化や逸脱者としてのアイデンティティの確立がうながされる，としている。

しかし，こうした説明に対し，ラベルを貼られた者の主体的な反応を軽視しているとの批判がなされた。QuagagnoとAntonio（1975）は，大都市の精神病院において女性の精神病患者によって示される「精神患者」というラベルに対する抵抗の様式を記述・分析している。ラベルへの抵抗の様式は，次の4つである。

① 兆候の否定

「兆候の否定」は2つの形式をとるとされる。一つは，"私は精神病に見られるとされる兆候を一度も経験していない"という主張に見られる。もう一つは，"私はある行動によって精神病と判断されたが，その際の状況が人々に思い違いをさせており，精神病の兆候と見なされた行動は，決して狂気によるものではない"との主張に見られる。

② 身体的病の説明

精神病患者は，自身の状況を精神的病によるものではなく，身体的な病によるものであるとの説明を試みる。これは，"「精神病者」と判断されるよりは「身体的病を有する者」と判断される方がましである"とする，「よりましなアイデンティティ」との「交換」を試みる適応様式と同種のものであると思われる。

③ 標 準 化

精神病患者は，"自身が有している問題は自分だけではなく他の多くの人々が抱えている問題である"と主張することにより，自身の異常性を否定しようとする。

④ 統制の維持

「西洋における精神病の中心概念は，統制の喪失である。通常の人々の行動が意思にもとづく行動であると考えられる一方で，狂気の行動は内的統制がとれていないことの兆候として考えられる」（p. 41）。それゆえ，精神病患者のな

第3部　子どもと文化

かには，内的統制がとれていることを主張することによって，「精神病患者」というラベルを回避しようとする者がいる。

このように，逸脱者のラベルを貼られた者がラベルに抵抗するには理由がある。逸脱者のラベルを貼られた者は，自己アイデンティティと社会的アイデンティティとが乖離してしまうという問題に直面することになる。ラベルへの抵抗は，アイデンティティの乖離という問題を解消するための試みなのである。

3　ラベリングといじめ

本節では，ラベリングといじめの関係について考えてみたい。逸脱者と同様，いじめ被害者も，いじめを取り巻く子どもたちからさまざまな否定的ラベルを貼られる。加害者によって被害者につけられる「あだ名」も，否定的ラベルの一種である。いじめ被害者の手記をみると，いじめ被害者の多くが「バイキン」「ブタ」などの否定的ラベルを貼られ，まさにそのようなものとして扱われた経験を報告している。この点について，菅野（1986）は，「あだ名は子どもの特徴を巧みにとらえる隠喩である，というのでは不十分である。のみならず，そのようにとらえることによって，あだ名はまさにその子をそのようなものに作りあげていく働きをする」（58-59頁）と述べている。

それでは，いじめ被害者は，自身に貼られた否定的ラベルを単に受容するだけの受動的存在なのだろうか。この点について考えるにあたり，まずは，宝月（1990）の乖離したアイデンティティへの適応様式を紹介することとしたい。次いで，いじめ被害者のいじめへの適応様式について検討することとしたい。

（1）乖離したアイデンティティへの適応様式

宝月（1990）は，逸脱ラベルを付与されることによって生じるアイデンティティ乖離という問題に対する適応様式として，「受容」と「拒絶」という2つを挙げている。「受容」とは，「他者が彼に想定する逸脱者としてのアイデンティティを受け入れ，それに自らを適応させていくこと」（121頁）である。「受容」はさらに，「自認」と「黙従」という2つに区分される。「自認」とは，

表12-2　乖離したアイデンティティへの適応類型

反応の程度	反応の方向	積極的反応	消極的反応
受　容		自　認	黙　従
拒　絶	消　去	修　正	逃　避
	交　換	非同調者	よりましなアイデンティティ

出典：宝月，1990：122。

「レイベリングを契機にして，自己に踏ん切りをつけるために積極的に，逸脱者としてのアイデンティティを自らも確立しようとする場合」(121頁)であり，「黙従」とは，「レイベリングに抵抗し難い無力感を感じ，あきらめの境地から消極的にそれに従う場合」(121頁)である。

　また，「拒絶」とは，文字通り，逸脱者としてのアイデンティティを拒絶する，という適応様式である。「拒絶」もさらに，「消去」と「交換」という2つに区分される。「消去」とは，逸脱者としてのアイデンティティを払拭しようとする試みであり，積極的なものと消極的なものとに分けられる。積極的なものとは，共同体にとどまり，他者が彼に想定するアイデンティティを「修正」しようとする適応様式である。消極的なものとは，共同体を離れ，別の社会で新たな生活を営もうとする「逃避」という適応様式である。また，「交換」とは，「他者が彼に想定するアイデンティティを別のアイデンティティに取り替えようとする行動」(121頁)である。「交換」もまた，積極的なものと消極的なものとに分けられる。積極的な「交換」の例は，「他者は彼を逸脱者と想定するが，自分のアイデンティティに本当にふさわしいものは，単なる逸脱者ではなくて，むしろ既存の社会制度に異議を申し立て，価値の転換を目ざす私心のない非同調者である」(121頁)との主張にみられる。消極的な「交換」とは，逸脱者としてのアイデンティティから逃れられないと考え，「よりましなアイデンティティ」との交換をはかる試みである。

　以上を表にあらわすと次のようになる(表12-2)。それでは，いじめられた子どもたちは，これらの適応様式のうちいずれを選択することが多いのであろうか。次に，この点について考えてみたい。

第3部　子どもと文化

表12-3　いじめられたときの対応

	(%)
何もしないでいじめられるままになっていた。	16.7
先生に相談した。	30.2
親に相談した。	29.7
友だちに相談した。	23.0
やめてと言った。	51.8
ひとりでやり返した。	28.5

注：元の表を一部修正。
出典：久保田，2004：256。

（2）いじめ被害者のいじめへの適応様式

　いじめ被害者のいじめへの適応様式について考えるにあたり，まずは筆者（2004）が以前に小学生を対象に行った調査の結果を参考にすることとしたい。

　表12-3は，被害者にいじめられたときの対応を尋ねた結果である。「何もしないでいじめられるままになっていた」と回答した者の割合は全体の16.7％であり，その理由として最も多く挙げられていたのは「もっとひどくいじめられるようになるのがこわかったから」であった（図表は省略）。この結果より，「何もしないでいじめられるままになっていた」と回答した者の多くは，「自認」ではなく「黙従」という適応様式を選択していると言えるだろう。

　また，注目すべきは，被害者の大半が他者に相談したり，自分一人の力でなんとかしようとしたりするなど，何らかの対処行動をとっていることである。これらの子どもたちは，先の適応類型（表12-2）のうち，「拒絶」という適応様式を選択していると考えられる。ただし，一口に「拒絶」といっても，「修正」や「逃避」といった「消去」と，「非同調者」や「よりましなアイデンティティ」といった「交換」がある。

　それでは，被害者は具体的にどのような形で否定的ラベルを「消去」ないしは「交換」しようとしているのであろうか。この点については，被害者の手記（週刊少年ジャンプ編集部 1995）を手がかりにし，考えてみることとしたい。

　まず，子どもたちが「消去」という適応様式を選択している可能性について考えてみたい。子どもたちは，学級に配属された後，一定期間の所属を余儀なくされる。それゆえ，現在の学級から抜け出し，別の学級ないしは学校で新た

な生活を送る「逃避」という適応様式を選択することは現実的に難しい。あまりにもいじめが悪質かつ解決が困難と判断された場合，学校側の裁量によって別の学級への配置換えや転校措置がとられることもあるが，ほとんどまれであろう。

　そのため，子どもたちが「逃避」という適応様式を選択するためには，多くの場合，今現在所属している学校を卒業するまで待たなくてはならない。たとえば，ある女子は小学校から高校にかけていじめにあっていたものの，大学生になってから自分を意識的に変えようと思い，サークルに入ったり，オシャレに気をつけたりし，笑顔を絶やさないように努めた。その結果，自分に自信がもてるようになり，友人にも恵まれるようになったという（週刊少年ジャンプ編集部 1995：139-140）。

　このように，「逃避」という適応様式を選択することは現実的に難しい，あるいは，いじめ集団を離脱する機会（卒業など）がやってくるまで待つことを余儀なくされるため，被害者の多くは，他者の力や自分自身の力で否定的ラベルを「修正」しようと試みるであろう。たとえば，ある男子は「自分が弱すぎるからいじめられるんだ」と考え，徹底的に体を鍛えると同時に勉強にも励むことにより，「弱いいじめられっ子」という否定的ラベルの「修正」を試みた。その結果，いじめはなくなり，一部の加害者は当該男子のことを尊敬，畏怖するようにまでなったという（週刊少年ジャンプ編集部 1995：135）。

　次に，子どもたちが「交換」という適応様式を選択している可能性について考えてみたい。まず，「非同調者」という適応様式についてであるが，子どもたちがこのような試みをしたところで，周囲からはまったく相手にされない可能性が高い。そればかりか，加害者をいたずらに刺激することになり，いじめがより一層激しくなる危険性もある。それゆえ，被害者が「非同調者」という適応様式を選択することは皆無に等しいであろう。

　一方，被害者が「よりましなアイデンティティ」との「交換」をはかることは十分に予想される。たとえば，「ブタ」や「バイキン」などと呼ばれ，そのようなものとして扱われるよりは，何とかして加害者集団に取り入り，「パシリ（使い走りをさせる者に対する蔑称）」にでもなったほうがましだ，と被害

者が考えることもあるだろう。ただし，ここで留意すべきは，被害者が最初からこのような消極的な対応を選択しているわけではない，ということである。被害者の多くは，まずは否定的ラベルの「修正」を試みると考えられる。それが上手くいかなかった場合に，やむを得ず「よりましなアイデンティティ」との交換をはかろうとするものと推察される。

　それではこのような被害者のいじめへの対処行動は，いじめの終結に結びついていくのだろうか。表12-4は，被害者のいじめへの対処行動といじめ終結理由との関連について分析した結果である。これをみると，被害者のいじめへの対処行動といじめ終結理由とが関連していることがうかがえる。とりわけいじめられたときに「先生に相談した」とした者では，いじめ終結理由として教師の関与をうかがわせるものを挙げる者の割合が高い。また，いじめられたときに「やめてと言った」「自分でやり返した」とした者では，対処行動そのものをいじめ終結理由として挙げる割合が4割以上となっている。この結果は，被害者のいじめへの対処行動がいじめ終結のきっかけとなりうることを示唆している。

　その一方で，被害者のいじめへの対処行動はいじめの早期解決に直接には結びつかず，いじめを直接的に支持する者の数が多い場合にいじめは長期化する傾向にあることが明らかとなった。北沢（1990）は，逸脱ラベルの付与によって生じる問題として，ラベルを付与された者が社会的事実の構成過程に参加する資格を失い，自分の行為についてのいかなる弁明も聞き入れてもらうことができなくなる点を挙げている。この指摘を踏まえるならば，いじめ被害者が自身に付与された否定的ラベルを払拭しようとさまざまな行動に出たとしても，そうした試みは，いじめ加害者をはじめとするいじめの賛同者たちによって，ことごとく無効化されてしまう可能性があると言えよう。

　また，筆者は別の論文で，いじめをエスカレートさせる要因について検討した（久保田 2013）。その結果，加害者がいじめをすることによって何らかの利益（いじめが楽しくなったり，被害者を服従させることで気分がよくなったり，加害者同士で連帯感を感じるなど）を実感するようになった場合，いじめをエスカレートさせる傾向にあることが明らかとなった。

第12章　ラベリングといじめ

表12-4　いじめへの対処行動といじめ終結理由

いじめ終結理由 \ いじめへの対処行動	先生に相談した あてはまる	先生に相談した あてはまらない		親に相談した あてはまる	親に相談した あてはまらない		友だちに相談した あてはまる	友だちに相談した あてはまらない	
いじめていた子が先生にしかられた。	50.7	23.2	***	31.8	31.4		33.3	31.0	
友だちがとめてくれた。	19.4	14.2		19.7	14.1		25.5	12.9	*
いじめていた子と話しあった。	16.4	7.7		10.6	10.3		23.5	6.4	***
みんなで話しあった。	19.4	5.2	***	18.2	5.8	**	19.6	6.4	**
大人たち（先生や親）が話しあった。	17.9	8.4	*	21.2	7.1	**	15.7	9.9	
やめてと言った。	29.9	19.4		25.8	21.2		23.5	22.2	
自分でやり返した。	11.9	14.2		10.6	14.7		9.8	14.6	
クラスがえ，卒業，転校。	17.9	19.4		27.3	15.4	*	21.6	18.1	
自然に。	34.3	41.3		34.8	41.0		43.1	38.0	
ターゲットが他の子になった。	20.9	12.3		22.7	11.5	*	19.6	13.5	

いじめ終結理由 \ いじめへの対処行動	やめてと言った あてはまる	やめてと言った あてはまらない		自分でやり返した あてはまる	自分でやり返した あてはまらない	
いじめていた子が先生にしかられた。	40.0	22.4	**	30.2	31.6	
友だちがとめてくれた。	21.7	9.3	*	15.9	15.8	
いじめていた子と話しあった。	10.4	10.3		6.3	12.0	
みんなで話しあった。	13.9	4.7	*	6.3	10.8	
大人たち（先生や親）が話しあった。	13.9	8.4		12.7	10.8	
やめてと言った。	43.5	0.0	***	31.7	19.0	*
自分でやり返した。	15.7	11.2		47.6	0.0	***
クラスがえ，卒業，転校。	16.5	21.5		20.6	18.4	
自然に。	38.3	40.2		42.9	38.0	
ターゲットが他の子になった。	14.8	15.0		17.5	13.9	

注：*$p<0.05$，**$p<0.01$，***$p<0.001$。網かけをしているのは，対処行動と特に関連が深いと考えられる項目。元の表を一部修正。
出典：久保田，2004：258。

これらの結果は，いじめ解決の成否が被害者のいじめへの対処行動以上に，加害者やいじめの賛同者たちの手に大きく委ねられていることを物語っている。それゆえ，日本におけるいじめを考える場合，海外で効果があるとされている自己主張訓練などによって被害者をエンパワーメントさせる以上に，いじめ防止に向けた学級集団全体への働きかけや加害者への指導が極めて重要であると言えよう。

参考文献

北沢毅（1990）「逸脱論の視角——原因論から過程論へ」『教育社会学研究』47：37-53.

キツセ，J. I./スペクター，M. B.，村上直之ほか訳（1992）『社会問題の構築——ラベリング理論をこえて』マルジュ社.

久保田真功（2004）「いじめへの対処行動の有効性に関する分析——いじめ被害者による否定的ラベル『修正』の試み」『教育社会学研究』74：249-268.

久保田真功（2013）「なぜいじめはエスカレートするのか？——いじめ加害者の利益に着目して」『教育社会学研究』92：107-127.

小林淳一・木村邦博編（1991）『考える社会学』ミネルヴァ書房.

週刊少年ジャンプ編集部編（1995）『ジャンプいじめリポート——1800通の心の叫び』集英社.

菅野盾樹（1986）『いじめ——学級の人間学』新曜社.

ベッカー，H. S.，村上直之訳（1993）『新装　アウトサイダーズ　ラベリング理論とはなにか』新泉社.

宝月誠（1990）『逸脱論の研究』恒星社厚生閣.

宝月誠（2004）『逸脱とコントロールの社会学　社会病理学を超えて』有斐閣.

マートン，R. K.，森東吾ほか訳（1961）『社会理論と社会構造』みすず書房.

Quadagno, J. S. & Antonio, R. J. (1975) "Labeling Theory as an Oversocialized Conception of Man: The Case of Mental Illness", *Sociology and Social Research*, 60 (October): 33-45.

（久保田真功）

第13章
「学校の怪談」と子ども文化

　　　　本章では、「学校の怪談」をめぐる研究を事例として、子ども文化研究の問題点を探りながら、子どもや子ども文化をどう捉えるか検討する。1990年代にブームを巻き起こした「学校の怪談」は、受験戦争やいじめなどの教育病理で苦しむ子どもたちからのサインとして理解された。しかしながら、子どもたちは本当に苦しんでいたのであろうか。そもそも、「学校の怪談」は子どものものなのだろうか。子ども文化研究においては、こうした疑問にあまり真剣に向き合ってこなかった。本章は、こうした自明視されてきた問題に取り組むことで、子どもとは何か、子ども文化とは何かを問い直していく。「学校の怪談」という「虚構」の物語が「現実」の問題として立ちあらわれるとき、大人と子どもの政治的な関係性が姿を見せるのである。子ども文化は、子どもや大人たちの交流の中から立ちあらわれてくることを指摘したい。

1　子どもが「学校の怪談」を語ることの意味

　1990年頃、「学校の怪談」がブームとなった。たとえば児童文学の世界では、常光徹による『学校の怪談』シリーズ（講談社）が1990年に刊行され、翌年には同氏が所属する日本民話の会学校の怪談編集委員会がポプラ社から同じく『学校の怪談』シリーズの刊行を開始した。1995年には、これらを原作とした映画『学校の怪談』が制作され、1999年までに4作品が上映されている。その他、1993年には『週刊少年ジャンプ』で「学校の怪談」を主題にした『地獄先生ぬ〜べ〜』が、1995年には『週刊少年チャンピオン』に『学校怪談』がそれぞれ連載を開始した。東（2005）がこの「学校の怪談」ブームを90年代後半の「Ｊホラー」ブームの起点として捉えるほどに、「学校の怪談」は一つの大きな社会現象として立ちあらわれてきた。

第3部　子どもと文化

　こうした「学校の怪談」ブームを目の当たりにするにつけ，なぜ子どもたちはこれほどまでに「学校の怪談」を求めるのだろうかということに関心が高まることは容易に想像できる。「学校の怪談」ブームの火付け役とでもいうべき常光（2002）は，学校において怪異現象が集中している空間に注目し，この疑問に答えようとした。常光（2002）によれば，理科室や音楽室のような特別教室やトイレなど，学校の中でも非日常的な空間が「学校の怪談」の舞台になっていることから，学校の日常性を破壊するために「学校の怪談」が語られるのだという。つまり，「学校の怪談」は，「学校という制度のなかで，個の意志とは無関係に持続を強いられる集団の精神的な緊張の高まりが沸点に近づいたとき，その解消と冷却を求めようとして，子どもたちが創出したたくまざる文化装置」（常光 2002：85）として理解されている。

　さらに，「学校の怪談」ブームが起こった1990年代という時代の特性を考慮した見解を提示したのは一柳（2005）である。この時期，学校という場が個性尊重と管理教育という2つの矛盾する方向性を同時に要求されるようになり，その「闇」の側面として「学校の怪談」が姿を現してきたのだという（一柳 2005）。このように考えるならば，「学校の怪談」が語られるということは，子どもたちを取り囲む環境が悪化している兆候として考えることもできよう。1970年代後半ににわかに巻き起こった「口裂け女」の騒動については，「学力至上主義」や「教育ママ」による「人間性の蹂躙」に対する子どもたちからの救済サインとなるのである（近藤 1997）。

　また，別の観点からも「学校の怪談」が語られることの意味が解釈されている。「学校の怪談」をめぐる子どもたちの人間関係に注目した山田厳子の見解を見てみよう。山田（2005）は，子どもたちの社会の中で「学校の怪談」が口から口へ語られる側面に注目し，怖さという「自然な感情の共有」「遊戯」「付き合い」として，「学校の怪談」を捉える。そして，それほど親しくない間柄で共有できる「さしさわりのない『世間話』」として子どもたちに受け入れられている可能性を指摘した。人間関係を活性化させるコミュニケーション・ツールとしての「学校の怪談」という着眼点は，社会心理学者の木下（1994）にも共有されている。このように，「学校の怪談」は，子どもたちに語られる

ことによって仲間関係の維持に貢献していると考えられるのである（吉岡 2010）。

　以上確認してきたことを整理すると，子どもたちがコミュニケーション・ツールとして「学校の怪談」を語ることは，学校や家庭によって抑圧され，退屈な学校の中で辟易とした日常性に襲われる中で，現行の秩序を破壊するような非日常性を持ち込むことで，自らの「人間性」を取り戻そうとする試みであると理解されてきたと言えよう。言い換えれば，子どもたちは「学校の怪談」を通して，近代教育の「闇」に抵抗しようとしているのである。しかしながら，こうした理解には，問題がないのだろうか。近代学校制度の抑圧に対する子どもたちの抵抗という図式は，「学校の怪談」を通してみた子どもたちのリアルな姿なのだろうか。

2　子どものまなざしへの注目

　確かに，教育はその性質上，子どもたちの行動を制限し，向かうべき方向に水路づけていくという意味で，抑圧的なものである。子どもたちは「学力至上主義」の風潮の中で遊ぶことよりも勉学に勤しむことを強要され，学校では集団の中で足並みをそろえることを指導されながら個性的であることが求められ，「教育ママ」によって家庭でも休まる余裕はない。学校の中で前近代的な「学校の怪談」を語ることは，大人が押し付けようとする学校的価値観を掻き乱すため，このことが子どもたちの近代教育への反旗として見えるだろう。しかし，それが反旗としてみえてしまうのは，私たちが「大人」という立場にあるからではないだろうか。

　このアイデアは，小谷敏に触発されたものである。小谷（2003）は，近年の子ども論が「『大人による大人のための』子ども論」であると指摘する。安定した子ども像が揺らぎ，子どもがわからなくなった，あるいは「子ども期の消滅」（ポストマン 1985）という語りがリアリティをもって語られていたころ，本田（1982）は子どものわからなさを「異文化」として眺めることを提案した。本田（1982）は，その中で秩序から逸脱する子どもを「対立する他者」と捉え，

「挑発する子どもたち」と呼んだ。大人と同じ文化を身につけていない子どもたちは，大人の想像を超える行為に及ぶことがあり，そのことが大人から見れば「挑発」にみえてしまう。しかし，子どもは，大人からの要求と交渉しながらではあるが，ただ自らの欲求に従って日々を過ごしているに過ぎず，それに驚き楽しんだり，狼狽したりするのは大人なのである。こうした子どもの立場からではなく，大人の立場から子どもを捉えようとする子ども論を小谷（2003）は，「『大人による大人のための』子ども論」であると批判したのである。

　こうしてみると，前節でみた「学校の怪談」に関する解釈は，まさに「『大人による大人のための』子ども論」であったと言えよう。実際に，「学校の怪談」ブームが起こった前後は，子どものいじめや自殺，受験戦争など教育をめぐる「病理」が叫ばれた時期である。しかし，そのような社会状況を子どもがどのように認識していたのかは十分に検討しないまま，大人たちは「子どもが抑圧されている」と嘆いていたのである。そこに「学校の怪談」ブームという大人の常識では理解しがたい現象が起こるにつけ，子どもたちの抑圧に対する抵抗という図式が見事に合致したと考えられる。

　さて，では「学校の怪談」をどのように理解すればよいのだろうか。このことを考えるにあたっては，子ども文化研究において「児童文化」と「子ども文化」という用語が使い分けられるようになった経緯から重要な示唆が得られる。1920年頃に大正デモクラシーや児童中心主義による新教育運動などを背景として「児童文化」という用語が誕生し[1]，1938年に内務省警保局図書課による『児童読物改善ニ関スル指示要綱』を境に広く一般に普及したとされる（川勝2000）。竹内（2012）が「児童文化学は実践の学である」と述べ，また自らも適切な指導を模索しようとしているように，「児童文化」は誕生当初から子どもの教育を意図するものであった。

　しかし，「児童文化」の運動は，子どもへの教育的配慮を追求するあまり，子どもたちが文化を生みだしたり，選択したりする生き生きとしたまなざしを見落としてしまった。ここに登場したのが「子ども文化」である。浅岡・加藤（2003）によれば，「子ども文化」という用語が使用されるようになったのは，

藤本（1966）が，子どもが文化を創造し，伝承していく主体者としての側面を強調するため，「大人が子どもに与える文化」すなわち「児童文化」から，子どもの主体性に焦点をあてた「子ども文化」を区別して使用した1966年以降のことであるという[2]。

「子ども文化」という用語の登場は，大人の教育的配慮という名のもとに子どもたちに与えられてきた「児童文化」の一方向性を批判し，主体的に文化を選択し，創造していく側面を強調し子どもと文化の関係性を捉えなおそうとした動きであった。子どもをそのように捉えるのであれば，子どもたちは大人の教育的配慮を受動的にすべて受け入れるのではなく，自らが生きている世界を解釈し，大人と交渉しながらさまざまな選択をしていると言えよう。「子ども文化」という用語は，こうした子どものまなざしを追う必要性のもとで登場してきた。

では，子どものまなざしを取り入れて「学校の怪談」をみてみると，どのように見えるのだろうか。吉岡（2013）は，「学校の怪談」を物語の受容という観点ではなく，子どもたちによる現実の解釈と捉え，語りの内容分析を行った[3]。その結果，子どもたちは，一般に言われるいじめや自殺など教育の病理とは一定の距離をとって，仲間たちと遊んだり，勉強したりするなど，日々の学校生活を楽しんでいることを彷彿とさせるような語りが多いことを明らかにした。このことから，子どもたちが近代教育制度の中で抑圧され，それに抵抗しようとして「学校の怪談」を語っているという先行研究の図式は棄却される。むしろ，学校は子どもたちにとって魅力的な場所であるということが，「学校の怪談」を語る子どもたちの声から明らかになったのである。

これまで述べてきたように，「『大人による大人のための』子ども論」を一旦保留し，子どものまなざしに目を向けることで，異なる視点から子ども文化研究を展開していくことが可能なのである[4]。

3　「学校の怪談」は誰のものなのか？

しかしながら，「学校の怪談」の語りを分析すれば，子どもたちの特性を描

き出すことができるというものでもない。私たちは「学校の怪談」を子どもの
ものであると自明視してはいないだろうか。子ども文化研究において，何が子
ども文化なのかを問い直すことが議論されることはまれである。つまり，子ど
も文化がアプリオリに存在しているという前提のもと，恣意的に子ども文化が
同定される傾向にあることを本節では指摘したい。

　もちろん，子ども文化とは何かという問いがこれまで皆無だったわけではな
く，むしろ積極的に議論されてきた。戦後初めて「児童文化」が示す領域を広
範囲にわたって呈示したと言われる松葉（1950）を見ると，「児童文化」を
「児童の衣食住に関する文化」「児童の創造的活動の所産としての文化」「児童
に伝承さすべき文化」「児童文化を助長する施設，機関」「児童の文化的活動の
組織」の5つに分類している。戦後を通して，この分類はさまざまに議論され，
何を「児童文化」とするかという議論が展開されており，先の藤本（1966）も
この議論の延長上にあると言える。藤本の議論を批判的に継承した浅岡・加藤
（2003）は，大人が教育的配慮をもって与えたものが「児童文化」であり，大
人の意図的な教育的配慮がなく子どもと大人が共有する「子どもがかかわる文
化」，そして子どもが自ら創造したものが「子ども文化」と整理している。こ
れは，大人の教育的意図と子どもの主体性の所在を大人の立場から判断し，分
類しようとしたものであった。

　では，「学校の怪談」は浅岡・加藤（2003）の分類に従えばどのように位置
づけることができるのだろうか。たとえば，松谷みよ子の『現代民話考7』か
ら「学校の怪談」の一つをみてみよう。

　　私の赴任した年（昭和39年）に，まだ若い音楽の先生（女性）が病気で亡
　　くなった。その頃から，宿直室と廊下を隔てた音楽室から深夜すすり泣く
　　がごときピアノの音が聞こえる，という話が生まれて気味悪かった。亡く
　　なった先生の寄贈したかけ時計がかけられていて（死後御主人から贈られ
　　た）よりリアルな思いを感じた。亡くなった先生が弾きに来るのだという
　　噂も広がった。教室の横口から入ったのだろう，施錠したはずの開き戸が
　　今朝は開いていたなどという，まことしやかな話も小使さんから出された。

しかし，この先生の後任が若い男の陽気でバイタルな先生であったこともあって，この怪談の命は死後間もなくのものであった。

　上の語りの主語である「私」は教員である。怪異の原因もまた病死した教員だろうと語られる。さらに，この語りを裏づけるように「施錠したはずの開き戸が今朝は開いていた」と挿入される話題は「小使さん」によるものである。この語りに関わっているのは，文脈から判断するとすべて成人であり，子どもはというと一切登場していない。この引用を見る限り，「学校の怪談」は子どもが創造した「子ども文化」どころか，大人文化と呼んだ方がふさわしいようにみえる。

　私たちが考える子ども文化は必ずしも子どものものであるとは言い切れないのである。1960年代末頃からは評論家も少年マンガを論評するようになっているし（竹内 1995），「大人買い」と呼ばれるような子ども向け玩具を買い占める大人の存在も珍しくない（山田 2003）。こうした子ども文化を享受する大人たちを「文化的なネオテニー（幼生成熟）」（山田 2003）として，批判的に見ることも可能であろう。しかし，その背景には，大人は享受することのない，あるいは享受してはならない子ども文化がアプリオリに存在しているという前提がある。

　常光（2002）が，学校に通う子どもたちが「多様なはなしの世界を創造し保有している」と述べるとき，「学校の怪談」は子どもだけが享受するものという前提に立ってしまっているのである。「学校の怪談」は子どもたちが創造し，独自に伝承し続けてきたものであるという前提は，上の引用をみれば再検討されなければならない。

　このことは，子ども文化を同定する時に，子ども文化の中には大人も享受するものがあるという単純な話ではない。何をもって子ども文化であるとするのかは，もっと繊細な問題をはらんでいる。それは，子どもが教育されるべき，未熟で，無知な存在と見なされているという問題である。日常的に私たちが子どもについて語るとき，子どもは非理性的な存在として理性的な存在である大人と切り離して考えられている（山下 1977）。子どもは理性的な存在になるよ

う教育的配慮が必要であるし，非理性的な存在であるがゆえに，「学校の怪談」のような虚構の物語を現実と混同し，怖がるというわけである。

しかしながら，子どもたちを一方的に非理性的であると断ずることはできない。次の引用は，吉岡（2008）が保育園で行ったフィールドワークの一場面である。二人の園児（5歳児クラス）が，雪が降るメカニズムについての見解を語ったものである。

A：「雪ってどっから降るか知っとる？」
B：「……わからん」
A：「雪ってね。雲から降ってくるんじゃって。お父さんが言っとった」
B：「そうなん？　でもな，雨とかは神様が降らせとるしなぁ」
A：「あぁ，そっか。でも，雷は鬼が鳴らしょうるし。わからんな」

上の引用からわかるように，子どもたちは自然科学と物語世界の両方の言説の間で葛藤している。もし，自然科学的な言説しか子どもたちに与えられていなければ，以上のような葛藤は起こらなかったであろう。大人たちは，子どもを非理性的な存在と見なして物語世界の言説を与え，物語世界に生きる子どもたちを観察しては，また非理性的だと断定しているのである。子どもは「子どもらしく」，つまり非理性的であることが大人から強いられているのである。そのため，虚構の物語である「学校の怪談」は非理性的な子どものものにされてしまっているのである[5]。

しかし，上で引用した物語を大人は虚構であると判断でき，このことから大人は理性的であると見なすことができるのではないかという批判もあるだろう。私たちはどのように虚構と現実を区別しているのであろうか。

ポルナー（1987）は精神病者と健常者との間で取り交わされるやりとりにみられる「リアリティ分離」に注目した。ある人に聞こえた神の声が，他の人には聞こえないということが起こった場合，そこに「リアリティ分離」が生じる。その時「聞き間違いじゃないか」あるいは「気のせいだろう」と相手の「経験を皮肉る」ことができるだろう。この経験を皮肉ることは，「決定的な経験的

世界」，すなわち，「聞こえなかった」という誰にも否定できない自らの経験が根拠になるのである。しかしながら，神の声を聞いた人にとってもまた「聞いた」という「決定的な経験的世界」が根拠になり，聞こえなかったとする人に「神の加護がなかった」などと経験を皮肉ることが可能なのである。このように，虚構と現実は，非常に不安定な関係にあり，どちらが正しいかを判断することは最終的には「経験の政治学」によるとポルナーは言う。

ポルナー（1987）と同様に，石田（1996：226）は，フィクションとフィクションでないものの境界線は「権力作用のただなかで呈示され，決定される」と結論づけている。先の二人の園児のやりとりは，まさにこの権力作用の中に置かれ，政治的な判断を迫られようとしている場面なのである。つまり，大人は「学校の怪談」を自らの価値基準に照らして虚構であると判断し，大人と同様の判断ができない子どもは非理性的であるため，「学校の怪談」の所有者でもあると見なしているのである。大人は常に正しく，子どもはいつも間違っているという不平等な権力関係が，ここでは前提とされているのである（Waksler 1991）。すなわち，子ども文化研究では，こうした権力関係に基づいた子ども文化の分類が行われていたと言えよう。

4　社会の網の目の中で子ども文化を捉える

子ども文化研究は，子ども文化をこれまで自明的に同定してきた。「児童文化」「子どもがかかわる文化」「子ども文化」の分類のように，大人の教育的意図や子どもの主体的な関与の程度は十分に議論されないまま同定されている。そして，同定された子ども文化は，子どもの声を置き去りにしたまま分析され，そこから子どもの独自性が描き出されてきた。以上がここまで述べてきた子ども文化研究の問題点である。

アリエス（1980）が「子供の誕生」を鮮やかに描き出したように，日本でも明治以降，近代学校制度が導入され（森 1993），「教育する家族」が登場してきた（広田 2001）ことにともなって，「児童文化」が登場してきた。以来，子どもは大人から切り離され，ピアジェに代表される発達心理学が子どもの特異性

を客観的に実証してきた（山下 1977）ことで，独自の子ども文化が見いだされるようになっていった。しかしながら，ラトゥール（2008）が，近代社会が自然と社会の「ハイブリッド」を不可視化し，二極化作業を推し進めてきたことを暴いたように，子どもも大人も「ハイブリッド」な存在であるはずなのにそのことが忘れ去られてしまっているのではないだろうか[6]。

　現代は子どものものであると見なされる昔話も，かつての語りの主体は成人であったという（柳田 1990）。だとすれば，古くからの伝承を現代の子どもたちが今もなお語り継いでいるからといって，それを「完全に文句のつけようがない子ども文化」（サックス 1987：26）と見なすことはできないだろう。大人と子どもの共同作業により伝承されてきた側面に関心を向けないまま，子どものものであると恣意的に同定した子ども文化から，子どもの普遍性を読み取ろうとすること自体が誤謬をはらんでいる。

　子どもたちが大人社会の流行歌などを巧みに取り入れ「替え歌」にして楽しんでいるように（鵜野 2009），子どもも大人も入り混じって暮らしている社会の中で，さまざまな人々が相互に交流をしながら日々の生活を送っているのであり，その網の目の中で子ども文化らしきものが不意に顔をのぞかせるのである。「個々の社会的な立場において，さまざまな矛盾や差別，抗争のなかに身を置かざるをえない人々の身体的な実践に媒介されることにより，文化が構築され，その生産がおこなわれ」（佐藤・吉見 2007：20）た結果，「学校の怪談」という一つの文化が姿を現すのである。つまり，大人の意図的，無意図的なかかわりや子どもの主体的，受動的な選択がないまぜに絡み合ったその瞬間にこそ子ども文化を捉えることができるのである。

　1970年代末に突如語られた「口裂け女」に驚き，慌てふためいたのは，果たして子どもだったのか。「学校の怪談」ブームの中心にいたのは誰だったのか。この問いに真摯に向き合い，「多数の文化的抗争とねじれや排除，取込のプロセス」（佐藤・吉見 2007：17）を解明することから子ども文化研究は始まるのではないだろうか。

注

1）「児童文化」の用語の初出は1922年に出版された峰地光重の『文化中心綴方教授法』とされてきたが（川勝 2000），加藤（2011）によれば，後藤牧星が「児童文化協会」という名称を用いたことがもっとも早い使用例という．
2）川勝（2000）は，子ども文化と児童文化という用語を使い分けることで，子どもの文化が統一的に理解できなくなることを危惧している．
3）川上（1997）は，うわさを情報の歪みではなく，「創造のプロセス」と捉え，状況を解釈し定義づけしていくプロセスと見なした．このことから「学校の怪談」も子どもたちが見ている現実の解釈の一つと考えることができる．
4）ただし，子どもが抑圧を自覚していなければ，子どもの生活環境を改善する試みをする必要がないわけではない．阿部（2006）は，若者たちが自分たちのやりたい仕事を追求した結果，劣悪な労働環境に甘んじてしまう危険性を指摘している．これと同様に，子どもが問題を感じていなければ，そこにリスクが隠蔽されていることを放置してよいというものではない．子ども研究，子ども文化研究を行ううえで，こうした問題は看過できない重要な課題である．
5）子どもが非理性的な存在と見なされることと同様に，民俗学において前近代の人々も「妖怪」を信じる非理性的な存在と見なされる傾向にある．しかしながら，香川（2005）は，近世の都市に住む人々が「妖怪」を「虚構」として楽しむ態度を形成していたことを明らかにした．
6）Prout（2005）は，これまでの子ども社会学が自然と文化，エイジェンシーと構造，beingとbecomingの二分法で子どもを捉えてきたことを指摘し，「排除された中間部」，つまり子どもの「ハイブリッド」な側面を包摂することを提案している．

参考文献

浅岡靖央・加藤理編（2003）『文化と子ども――子どもへのアプローチ』建帛社．
東雅夫（2005）「『学校の怪談』に始まる――1990年代ホラー小説ブームと都市伝説の関係をめぐって」一柳廣孝『「学校の怪談」はささやく』青弓社15-28．
阿部真大（2006）『搾取される若者たち――バイク便ライダーは見た！』集英社．
アリエス，Ph., 杉山光信・杉山恵美子訳（1980）『〈子供〉の誕生――アンシャン・レジーム期の子供と家族生活』みすず書房．
石田佐恵子（1996）「〈フィクション〉という境界づけ」磯部卓三・片桐雅隆編『フィクションとしての社会学――社会学の再構成』世界思想社：210-228．
一柳廣孝（2005）『「学校の怪談」はささやく』青弓社．

第 3 部　子どもと文化

鵜野祐介（2009）『伝承児童文学と子どものコスモロジー』昭和堂.

香川雅信（2005）『江戸の妖怪革命』河出書房.

加藤理（2011）『叢書　児童文化の歴史Ⅰ』港の人.

川勝泰介（2000）『児童文化学研究序説』千手閣.

川上善郎（1997）『うわさが走る――情報伝播の社会心理』サイエンス社.

木下冨雄（1994）「現代の噂から口頭伝承の発生のメカニズムを探る――『マクドナルド・ハンバーガー』と『口裂け女』の噂」木下冨雄ほか編『記号と情報の行動科学』福村出版：45-97.

小谷敏（2003）『子ども論を読む』世界思想社.

近藤雅樹（1997）『霊感少女論』河出書房新社.

サックス，H.（1987）「ホットロッダー――革命的カテゴリー」H. ガーフィンケルほか著，山田富秋・好井裕明・山崎敬訳『エスノメソドロジー――社会学思考の解体』せりか書房：39-80.

佐藤健二・吉見俊哉（2007）『文化の社会学』有斐閣.

竹内オサム（1995）『戦後マンガ50年史』筑摩書房.

竹内長武（2012）「児童文化概念の成立過程」加藤理他編『児童文化の歴史Ⅲ』港の人：73-93.

常光徹（2002）『学校の怪談――口承文芸の研究Ⅰ』角川書店.

広田照幸（2001）『教育言説の歴史社会学』名古屋大学出版.

藤本浩之輔（1966）「子ども文化論」宇野登・片岡徳雄・藤本浩之輔『子どもの世界』三一書房（加藤理ほか編（2012）『児童文化の歴史Ⅲ』港の人：124-142）.

ポストマン，N., 小柴一訳（1985）『子どもはもういない――教育と文化への警告』新樹社.

ポルナー，M.（1987）「お前の心の迷いです――リアリティ分離のアナトミー」H. ガーフィンケルほか著，山田富秋・好井裕明・山崎敬訳『エスノメソドロジー――社会学思考の解体』せりか書房：39-80.

本田和子（1982）『異文化としての子ども』紀伊国屋書店.

松谷みよ子（2003）『現代民話考〈7〉学校・笑いと怪談・学童疎開』筑摩書房.

松葉重庸（1950）『児童文化概論』巌松堂書店.

森重雄（1993）『モダンのアンスタンス――教育のアルケオロジー』ハーベスト社.

柳田國男（1990）「昔話覚書」『柳田國男全集8』筑摩書房：451-684.

山田浩之（2003）「マンガはどう語られてきたのか？」小谷敏編『子ども論を読む』世界思想社：55-74.

山田厳子（2005）「『社交』と『ふるまい』」一柳廣孝編『「学校の怪談」はささやく』青弓社：135-165.

山下恒男（1977）『反発達論——抑圧の人間学からの解放』現代書館.

吉岡一志（2008）「保育園における物語世界の意味——節分を事例として」『広島大学大学院教育学研究科紀要第三部教育人間科学関連領域』57：105-113.

吉岡一志（2010）「『学校の怪談』に見る仲間集団」秋山弥・作田良三編著『子どもの現在——10の視点からのアプローチ』晃洋書房：77-93.

吉岡一志（2013）「『学校の怪談』の内容分析——子どもは学校教育に『抑圧』されているのか」『子ども社会研究』19：63-75.

ラトゥール, B., 川村久美子訳（2008）『虚構の「近代」——科学人類学は警告する』新評社.

Prout, A. (2005) *The Future of Childhood: towards the interdisciplinary study of children*, Routledge: London.

Waksler, F. C. (1991) "Studying Children: Phenomenological Insights," In Waksler, F.C. (ed) *Studying the Social Worlds of Children*. Sociological Readings Falmer: London: 60-69.

（吉岡一志）

第14章

特撮ヒーロー番組に描かれるジェンダー

　　　　　ジェンダーとは社会的・文化的な影響を受けて後天的に身につけた（身につけさせられた）性差・性別のことである。現在では，不適切なジェンダー観の形成に資することのないよう，低年齢層の子どもを主対象としたメディアであっても，ジェンダーに関わる要素の描写には一定の配慮がなされるようになってきている。低年齢層の子どもほど，ジェンダー観の形成に対する環境要因のチャンネルが限られているため，子どもの目に触れるメディアが不適切なジェンダー観を刷り込む危険性は極めて高いからである。本章では，低年齢層の子どもを主対象とするメディアの一事例として特撮ヒーロー番組を取り上げ，ジェンダーに関わる要素の描写のどのような点には配慮がなされ，どのような点には配慮がなされていないのか，その背景とともに解説する。これらを通して，そうしたメディアが子どものジェンダー観の形成にどのような影響を及ぼしているのかについて考える。

1　ジェンダーとは何か

　特撮ヒーロー番組の新シリーズの主役に抜擢されたＡさんが，バイクで走行中にトラックと衝突事故を起こし，死亡しました。「特撮ヒーロー番組の新シリーズの主役が事故死」というニュースが報道され，それを見たＡさんの娘さんはショックを受けました。なぜなら，さっきまで家族3人で食事をしていて見送ったばかりだったからです。数日後，ある人から「お気の毒に，これからはお母さんと2人で力をあわせて頑張ってくださいね。」と言われました。娘さんは「えっ？」と不思議そうな顔をしました。

　なぜ娘さんが不思議そうな顔をしたのか，わかるだろうか。その答えとしてよく挙げられるのは，「家族はお母さんの他にもいる（「2人」で頑張っていく

わけではない)」とか「お母さんはすでに死んでいる(「家族3人」のもう1人はお母さんではない)」というものである。なかには,「死亡したのは主役の変身後の姿を演じているスーツアクターだった」とか「Aさんは実は死んでなかった(「死亡しました」と書いてあるのに)」という珍解答もある。

　このクイズ[1]の答えは,ズバリ「Aさんはお母さんだったから」である。この答えにすぐに辿りつける人はそう多くはない。なぜなら,多くの人が「特撮ヒーロー番組の主役＝男性」という思い込みに囚われているからである。確かに,特撮ヒーロー番組の主役には男性が多いとはいえ,「特撮ヒーロー番組の主役＝男性」というわけでは必ずしもない。たとえば,代表的な特撮ヒーロー番組である「スーパー戦隊シリーズ」では,そのタイトルとなっている集団を構成する全員が主人公であり(すなわち,『秘密戦隊ゴレンジャー』であれば「ゴレンジャー」という集団を構成する5人全員が主人公),その中には女性も含まれている。

　こうした「特撮ヒーロー番組の主役＝男性」という思い込みは,社会的・文化的に形成されたものである。このような社会的・文化的に形成される性差・性別を意味する言葉が,「ジェンダー」である。性差・性別を意味する他の言葉として「セックス」があるが,これは生物学的な性差・性別を意味する言葉である。つまり,セックスとは先天的に生まれもった性差・性別であるのに対し,ジェンダーとは社会的・文化的な影響を受けて後天的に身につけた(身につけさせられた)性差・性別なのである。ジェンダーがしばしば問題になるのは,それが後天的な性差・性別であるにもかかわらず,先天的な性差・性別であるセックスと混同されることにより,不当な男女差別につながっているからである。

　そのため現在では,不適切なジェンダー観の形成に資することのないよう,公の場面ではジェンダーに関わる要素の表現には一定の配慮がなされるようになってきている。低年齢層の子どもを主対象としたメディアもその例外ではない。むしろ,そうしたメディアでこそ特段の配慮がなされる必要があると言える。なぜなら,低年齢層の子どもほど,ジェンダー観の形成に対する環境要因のチャンネルが限られているため,子どもの目に触れるメディアが不適切なジ

ェンダー観を刷り込む危険性は極めて高いからである。

　それでは，低年齢層の子どもを主対象としたメディアにおいて，ジェンダーに関わる要素の描写のどのような点には配慮がなされ，どのような点には配慮がなされていないのだろうか。本章では，低年齢層の子どもを主対象とするメディアの一事例として「スーパー戦隊シリーズ」を取り上げ，ジェンダーに関わる要素の描写がどのように変化しているのか（あるいは変化していないのか）をみていくことにしたい。できれば読者も，1980年前後の作品と近年の作品とを見比べ[2]，ヒロインの描写が変わったのはどのような点か，あるいは変わらなかったのはどのような点か，考えてみたうえで，以下読み進めてほしい。

2　ヒロインの描写が変わった点

（1）ヒロインの数の増加

　ヒロインの描写が変わった点としてまず挙げておきたいのは，主人公の1人として戦うヒロインの数である。表14-1（後掲）左側に示すように，過去40余年の間に，ヒロインの数は1人体制から2人体制へと変化している。その変化の背景について記述する前に，第1作目である『秘密戦隊ゴレンジャー』が放送された時代に，主人公の1人として戦うヒロインが描かれること自体がそもそも珍しいことであった点についてまずは触れておきたい。

　その背景には，第二波フェミニズムやウーマンリブといった女性解放運動が盛んだった1960年代から70年代初頭にかけて，少年マンガや男児を主対象としたアニメの世界で主人公，あるいは主人公の1人として戦うヒロインが描かれ始めたことが影響を及ぼしていると考えられる。その草分け的存在の1人が「スーパー戦隊シリーズ」の原作者である石ノ森章太郎である。彼はマンガ『サイボーグ009』で主人公の1人として戦うヒロインを描くとともに，特撮番組の世界において初めて，主人公として戦うヒロインを描いた[3]。こうした先駆的な蓄積の上に，『秘密戦隊ゴレンジャー』において，主人公の1人として戦うヒロインである「モモレンジャー」が描かれることになったのである。

　その後，ヒロイン1人体制は，第7作目『科学戦隊ダイナマン』まで続いて

いる。なお，第5作目『太陽戦隊サンバルカン』でヒロインがみられないのは，それまでの戦隊が最低でも4人で構成されていたのに対し，3人で構成されていたことによると考えられる。つまりこの時点では，構成員4人のうちの1人がヒロインであることに抵抗はなかったものの，3人のうちの1人がヒロインであることには抵抗がある時代であったのかもしれない。

ちなみに，『秘密戦隊ゴレンジャー』と同時期に始まった「仮面ライダーシリーズ」の『仮面ライダーストロンガー』でも，戦うヒロイン「電波人間タックル」が描かれている。しかしその名が示すように，彼女は「電波人間」であり「仮面ライダー」ではない。「電波人間タックル」が「仮面ライダー」として戦うことを許されなかったのも，当時が「3人のうちの1人がヒロインであることには抵抗がある時代」であったことを考えれば納得できよう。

初めてヒロイン2人体制になったのは，第8作目『超電子バイオマン』からである。この作品以来，ヒロイン2人体制は珍しいものではなくなっている。こうした変化には，複数の要因が影響していようが，その一つとしてこの時期のジェンダーに対する意識の高まりが反映されていると考えられる。すなわち，ヒロイン1人体制から2人体制への転換点とも言えるこの作品の放送時期（1984年）は，「男女雇用機会均等法」（「雇用の分野における男女の均等な機会及び待遇の確保等女子労働者の福祉の増進に関する法律」）の制定及び「女子差別撤廃条約」（「女子に対するあらゆる形態の差別の撤廃に関する条約」）の批准の前年にあたる。すなわち，「女子差別撤廃条約」を批准するために，「男女雇用機会均等法」の制定をめぐる議論が活発になされていた時期である。男女平等の達成を目指し，女子に対するあらゆる差別を撤廃することを基本理念としながら，女性が直面する雇用管理上のハンディキャップを是正し，女性の継続就業，社会進出を促そうとする時代の流れが，ヒロインの数を変化させる一要因になったと考えられる。

（2）リーダー的役割を担うヒロイン

ヒロインの描写が変わった点としてもう一つ挙げておきたいのは，ヒロインの役割である。「スーパー戦隊」は複数名から構成されるため，その構成員を

統括するリーダー的役割が不可欠である。シリーズの中では概して「○○レッド」と呼ばれる赤色の戦士（＝男性）がその役割を担うことが多いが，シリーズが進むにつれてヒロインがその役割を担うケースもみられるようになった。現段階でヒロインがリーダー的役割を担ったのは，第18作目『忍者戦隊カクレンジャー』と第24作目『未来戦隊タイムレンジャー』，第31作目『獣拳戦隊ゲキレンジャー』の3作品である。

　これらの作品でリーダー的役割を担うヒロインが登場した背景にも，ジェンダーに対する意識の高まりが反映されていると考えられる。まず，『忍者戦隊カクレンジャー』の放送時期（1994年）は，「男女共同参画審議会」が発足した時期にあたる。同審議会による「男女共同参画ビジョン」や「男女共同参画二〇〇〇年プラン」を通して，「男女共同参画」や「ジェンダー」といった言葉は世間の耳目を集めることになった。また，『未来戦隊タイムレンジャー』や『獣拳戦隊ゲキレンジャー』の放送時期（2000年，2007年）は，いずれも「改正男女雇用機会均等法」が施行された時期にあたる。なお，「第1次改正男女雇用機会均等法」（「雇用の分野における男女の均等な機会及び待遇の確保等に関する法律」）では，募集・採用，配置・昇進，教育訓練，福利厚生，定年・退職・解雇における性別を理由とした差別が禁止されており，続く「第2次改正男女雇用機会均等法」（「雇用の分野における男女の均等な機会及び待遇の確保等に関する法律」）では，さらに性別を理由とした差別が明確化され，禁止されている。このように，見事なまでに男女平等施策の動向が符合していることを考えると，そうした施策に象徴されるジェンダーに対する意識の高まりが，リーダー的役割を担うヒロインの登場に少なからず反映されていることは明らかであろう。

　興味深いのは，そうした施策と呼応するかのように，ヒロインをリーダー的役割たらしめる根拠が異なっているという点である。まず，『忍者戦隊カクレンジャー』では，「鶴姫」というヒロインがリーダー的役割を担っている。構成員の中で最年少であったにもかかわらず，この「鶴姫」がリーダー的役割たりえたのは一体なぜだろうか。答えはその名前に隠されている。すなわち，「姫」というその名が示すように，他の構成員とは「生まれ」が異なっており

（何百年にもわたって妖怪たちと戦い続けてきた先祖の血を受け継ぐ家系の24代目），その「出自」が彼女をリーダー的役割たらしめる根拠となっているのである。

　当該シリーズにおいて，ヒロインが集団を束ねる存在として初めて描かれたということ自体は十分評価に値する。しかしこの時点では，ヒロインがそうした存在として描かれるにしても，それは「能力」ではなく「出自」を根拠とするものでしかありえなかったのである。『忍者戦隊カクレンジャー』の前年に放送された『五星戦隊ダイレンジャー』では，「リン」というヒロインが構成員の中でもっとも能力の高いキャラクターとして設定されていたにもかかわらず，集団を束ねる存在として描かれてはいなかったこともそれを裏づけている。

　これに対し，『未来戦隊タイムレンジャー』では，その「出自」に依らず，その「能力」が「ユウリ」というヒロインをリーダー的役割たらしめる根拠となっている。すなわち，他の男性構成員は3人が時間保護局と呼ばれる組織の新人レンジャー隊員，1人が一般人であるのに対し，この「ユウリ」というヒロインはインターシティ警察所属の現役捜査官であり，そのキャリアの差が彼女をリーダー的役割たらしめる根拠となっている。

　このように，『忍者戦隊カクレンジャー』では，「出自」を根拠とする「属性主義」に基づくリーダーとしてヒロインが描かれていたのに対し，『未来戦隊タイムレンジャー』では，「能力」を根拠とする「業績主義」に基づくリーダーとしてヒロインが描かれているのである。もともとシリーズを通して男性と同等に戦列に参加し，「女性である」という理由で「不平等な」扱いをされる存在として描かれることのなかったヒロインが，この時点において初めて，その能力の高さゆえに集団を束ねる存在として描かれる可能性が示されたのである。

　それでは，『獣拳戦隊ゲキレンジャー』で「宇崎ラン」というヒロインをリーダー的役割たらしめた根拠とは一体何だったのだろうか。彼女がリーダー的役割を担うようになったのは放送中盤（第23話）からであり，上位の立場にある者から特に明確な根拠が示されることもなく，その役割を担うよう突然命じられている。このことを踏まえると，彼女をリーダー的役割たらしめた根拠

は，もはや「出自」はおろか「能力」の差でもなかったと考えられる。すなわち，彼女は「出自」や「能力」を根拠とすることなく，集団を束ねる役割を与えられることになったのである。それまで「出自」や「能力」を根拠としなければそうした存在として描かれることが許されてこなかったヒロインが，この時点において初めて，明確な根拠づけをする必要なく，集団を束ねる存在として描かれる可能性が示されたと言えよう。

3　ヒロインの描写が変わらない点

(1) ヒロインは桃色

　ヒロインの描写が変わらない点としてまず挙げておきたいのは，ヒロインに割り当てられる色である。表14-1中央に示すように，第1作目『秘密戦隊ゴレンジャー』以来，ヒロインには「桃色」が割り当てられてきた。ヒロインが初めて桃色以外の色を割り当てられたのは，第8作目『超電子バイオマン』以降である。先述のように，『超電子バイオマン』はシリーズ初のヒロイン2人体制となる戦隊であり，ヒロイン2人の色彩的な面での差異化をはかる必要性から，あくまで「ヒロイン＝桃色」を基本としつつ，もう1人のヒロインに桃色以外の色（黄色）が割り当てられたものと考えられる。ヒロイン2人体制となることで，キャラクターを描き分ける必要性も生じてくるのであるが，固定的なジェンダー観に近いしとやかで優しいキャラクターには桃色が割り当てられていることは，「女性＝桃色」というジェンダー・バイアス（認識のゆがみ）が強く存在していることを顕著に示している。

　こうしたバイアスからの脱却は，シリーズ中で何度か試みられている。たとえば，第9作目『電撃戦隊チェンジマン』では，桃色のヒロインが男勝りで活発なキャラクター，もう1人の白色のヒロインが固定的なジェンダー観に近いしとやかで優しいキャラクターとして描かれている。また，第12作目『超獣戦隊ライブマン』では，ヒロインは1人であるにもかかわらず，そのヒロインには桃色ではなく青色が割り当てられている。しかしこうした試みは，その後10年以上にわたって引き継がれることはなかった。すなわち，これ以降10年以上

の長きにわたって,「桃色」には固定的なジェンダー観が付与され続けていくのである。

　バイアスからの脱却が再び試みられるのが,第26作目『忍風戦隊ハリケンジャー』以降である。この作品ではヒロインに青色が,続く第27作目『爆竜戦隊アバレンジャー』や第31作目『獣拳戦隊ゲキレンジャー』ではヒロインに黄色が割り当てられている。第32作目『炎神戦隊ゴーオンジャー』でもヒロインに黄色が割り当てられているが,これはこれまでにはない極めて興味深い兆候を示している。なぜなら,先述の『超獣戦隊ライブマン』をはじめ,これまで放送当初の戦隊の構成員が3人である場合にのみ,ヒロインに桃色が割り当てられなかったのであるが,この作品では構成員が5人であるにもかかわらず,ヒロインに桃色が割り当てられていないためである。

　構成員が3人の場合には,色のバランス等を考慮してか,これまで赤色・青色・黄色の3色以外の色が配色されたことはない。そのため,いわば「選択の余地のない」状態で,ヒロインに桃色以外の色が割り当てられてきたわけである。一方,構成員が5人の場合にはそうした制約がないため,ヒロインに桃色が割り当てられないということはこれまでなかった[4]。すなわち,桃色は（慣習的側面はあるにせよ）ヒロインに割り当てられる色として選択され続けてきたわけである。それが『炎神戦隊ゴーオンジャー』によって初めて,桃色がヒロインに割り当てられる色として選択されなくなる可能性が示されたのである。

　また,第30作目『轟轟戦隊ボウケンジャー』や第33作目『侍戦隊シンケンジャー』では,桃色のヒロインである「西堀さくら」や「白石茉子」はクールなキャラクターであり,固定的なジェンダー観に近いしとやかで優しいキャラクターという従来型の桃色のヒロイン像からは遠い存在である。むしろそうしたキャラクターは,もう1人の黄色のヒロインである「間宮菜月」や「花織ことは」に近い。

　これらのことから,「ヒロイン＝桃色」が基本であり,ヒロインの数が増えた場合に初めて黄色や青色のような別の色が割り当てられ,しかも桃色に固定的なジェンダー観が付与されていた時代から,「ヒロイン＝桃色」を基本とせず,桃色に必ずしも固定的なジェンダー観が付与されていない時代へと変遷を

遂げつつあると考えることもできる。

　しかしその一方で，ヒロインに割り当てられる色が偏っていることには留意が必要だろう。表からもわかるように，ヒロインに割り当てられる色は桃色のほか，黄色，白色，青色の4色のみである。男性に割り当てられており，ヒロインに割り当てられていない色には，赤色，緑色，黒色等があるのに対し，その逆は桃色しかない。清水（2003）によれば，幼児の色彩選好の性差について，女子は男子に比べ桃色，黄色，橙色，赤色，白色，水色を，男子は女子に比べ青色，黒色，緑色，紺色，灰色を，統計的に有意に好むという。こうした傾向は，赤色を除けば当該シリーズにおいて男女に割り当てられる色と符合している。なお，第37作目『獣電戦隊キョウリュウジャー』では，企画当初，黄色の男性戦士を登場させる予定だったが，黄色は女性のイメージが強すぎるという理由で変更になったようである。黄色にもまた，桃色と同様に固定的なジェンダー観が付与され始めているのである。

　桃色に必ずしも固定的なジェンダー観が付与されなくなったという意味においては，ジェンダー・バイアスが緩和されていると考えることは可能である。しかし，女児が好きな色とヒロインに割り当てられる色が符合しているという事実は，当該メディアがジェンダー・バイアスを維持・強化するものとして依然機能している可能性を示している。

（2）ヒロインはスカート

　ヒロインの描写が変わらない点としてもう一つ挙げておきたいのは，ヒロインの着衣である。表14-1右側には，ヒロインの着衣をそのスタイルに応じて「＋＋」「＋」「－」で表記しており，「＋＋」は「スカート」を，「＋」は「ホットパンツ／ショートパンツ」を，「－」は「パンツ／タイツ」を表している。作品によっては着衣にいくつかのバリエーションが存在するが，ここではオープニングやエンディング等を参考に，作品内でより一般的に着用されていたものを想定している。なお，第3作目『バトルフィーバーJ』や第8作目『超電子バイオマン』では，ヒロインの交代がなされたため，左側には交代前のヒロイン，右側には交代後のヒロインについて示している。

第14章 特撮ヒーロー番組に描かれるジェンダー

表14-1 ヒロインの数，ヒロインに割り当てられる色，ヒロインの着衣

		放送時期	ヒロインの数／構成員の数	ヒロインに割り当てられる色	ヒロインの着衣
1	秘密戦隊ゴレンジャー	1975-77	1/5	桃	＋
2	ジャッカー電撃隊	1977	1/4	桃	＋
3	バトルフィーバーJ	1979-80	1/5	桃	－ ＋
4	電子戦隊デンジマン	1980-81	1/5	桃	＋
5	太陽戦隊サンバルカン	1981-82	0/3		
6	大戦隊ゴーグルファイブ	1982-83	1/5	桃	＋
7	科学戦隊ダイナマン	1983-84	1/5	桃	＋
8	超電子バイオマン	1984-85	2/5	桃 黄	＋＋ －＋＋
9	電撃戦隊チェンジマン	1985-86	2/5	桃 白	－ ＋＋
10	超新星フラッシュマン	1986-87	2/5	桃 黄	－ ＋
11	光戦隊マスクマン	1987-88	2/5	桃 黄	－ ＋
12	超獣戦隊ライブマン	1988-89	1/3	青	＋＋
13	高速戦隊ターボレンジャー	1989-90	1/5	桃	＋＋
14	地球戦隊ファイブマン	1990-91	2/5	桃 黄	＋＋ ＋
15	鳥人戦隊ジェットマン	1991-92	2/5	白 青	＋＋ ＋
16	恐竜戦隊ジュウレンジャー	1992-93	1/5	桃	＋＋
17	五星戦隊ダイレンジャー	1993-94	1/5	桃	－
18	忍者戦隊カクレンジャー	1994-95	1/5	白	＋＋
19	超力戦隊オーレンジャー	1995-96	2/5	桃 黄	＋＋ ＋＋
20	激走戦隊カーレンジャー	1996-97	2/5	桃 黄	＋＋
21	電磁戦隊メガレンジャー	1997-98	2/5	桃 黄	＋＋ ＋＋
22	星獣戦隊ギンガマン	1998-99	1/5	桃	＋＋
23	救急戦隊ゴーゴーファイブ	1999-00	1/5	桃	＋＋
24	未来戦隊タイムレンジャー	2000-01	1/5	桃	＋＋
25	百獣戦隊ガオレンジャー	2001-02	1/5	白	＋＋
26	忍風戦隊ハリケンジャー	2002-03	1/3	青	＋＋
27	爆竜戦隊アバレンジャー	2003-04	1/3	黄	＋＋
28	特捜戦隊デカレンジャー	2004-05	2/5	桃 黄	＋＋ ＋＋
29	魔法戦隊マジレンジャー	2005-06	2/5	桃 青	＋＋ ＋＋
30	轟轟戦隊ボウケンジャー	2006-07	2/5	桃 黄	＋＋ ＋＋
31	獣拳戦隊ゲキレンジャー	2007-08	1/3	黄	＋＋
32	炎神戦隊ゴーオンジャー	2008-09	1/5	黄	＋＋
33	侍戦隊シンケンジャー	2009-10	2/5	桃 黄	－ ＋
34	天装戦隊ゴセイジャー	2010-11	2/5	桃 黄	＋＋ ＋＋
35	海賊戦隊ゴーカイジャー	2011-12	2/5	桃 黄	＋＋ ＋＋
36	特命戦隊ゴーバスターズ	2012-13	1/3	黄	＋
37	獣電戦隊キョウリュウジャー	2013-14	1/5	桃	＋
38	烈車戦隊トッキュウジャー	2014-15	2/5	桃 黄	＋＋ ＋＋

注：当該シリーズにおいては，構成員が途中で増員する場合があるが，ここでは増員前の構成員のみを対象としている。

第3部　子どもと文化

　表からもわかるように，シリーズに登場するヒロインのほとんどが肌の露出の多いスカート，あるいはホットパンツ／ショートパンツを着用しており，肌の露出の少ないパンツ／タイツを着用しているものはごく少数に過ぎないことがわかる。しかもその半数以上は，初めてヒロイン2人体制となった『超電子バイオマン』以降の数年間に集中している。そもそもヒロイン2人体制となったこと自体，「男女雇用機会均等法」の制定の影響を多分に受けている可能性があることを考えれば，ヒロイン2人ともが肌を露出していることがないよう，ヒロインの着衣に対しては一定の配慮がなされていたのではないだろうか。

　興味深いのはそれ以降の傾向である。時代を経るにしたがって，パンツ／タイツはおろか，ホットパンツ／ショートパンツの着用はほとんどみられなくなっている。近年，変化の兆しはうかがえるものの，基本的にはスカートが着用される状況は恒常化している。なお，第18作目『忍者戦隊カクレンジャー』で唯一みられたロングスカートを分類する都合上，「スカート」という表記をしているが，ここでいう「スカート」とは基本的には膝上よりも短い丈の「ミニスカート」のことを指している。なかには，第30作目『轟轟戦隊ボウケンジャー』の黄色のヒロインである「間宮菜月」のように，「超ミニスカート」を着用しているヒロインもいる。

　シリーズにおけるヒロインは「他者に守られる存在」ではなく，むしろ「他者を守る存在」として描かれる。にもかかわらず，男性はズボン，女性はスカートという伝統的な価値観に沿った形で，機能面で明らかに適切でない状況においても，スカート（しかもミニの）が着用される状況が恒常化している。スカートではなく，パンツルックの女性が描かれた時期があったことを考えれば，村瀬（2000）が指摘するように，「女性性を表現した服装で戦えるということは，女性が戦うのに必ずしも男装しなくてもよくなったということ」[5]（38頁）と考えることもできないわけではない。しかし，ヒロインの着衣という面では，ジェンダー・バイアスを維持・強化するようなバックラッシュ（反動）が生じていると考える方が自然ではないだろうか。

4　ジェンダー・バイアスは緩和されているのか

　以上のことから，ジェンダーに関わる要素の描写のどのような点には配慮がなされ，どのような点には配慮がなされていないのか，確認できたのではないだろうか。これまでの内容を整理すると，ジェンダーに対する意識の高まりに応じて配慮がなされていたのは，ヒロインの数や役割といった，ストーリー設定に関わる「わかりやすい」部分に関してであった。「わかりやすい」部分はその「わかりやすさ」ゆえに，配慮の対象となるのだろう。これに対して，配慮がなされていなかったのは，ヒロインに割り当てられる色や着衣といった，ストーリー設定にはほとんど影響を受けない「わかりにくい」部分に関してであった。

　このように，ジェンダー・バイアスは，ストーリー的に「わかりやすい」部分では総じて緩和される傾向にあるが，「わかりにくい」部分では総じて維持される傾向にあると言える。「わかりにくい」部分はその「わかりにくさ」ゆえに，まさに無意識のうちの「刷り込み」として機能するものと考えられる。こうしたダブルスタンダードとも呼びうる状況が，ジェンダーをめぐる「ホンネ」と「タテマエ」を生む素地となっているのではないだろうか。

　また別の角度から眺めてみると，ジェンダー・バイアスが緩和，維持されるどころか，強化されている可能性も拭えない。近年，ヒロインの描写に関して，本来の対象者である低年齢層の子ども以外の，すなわち親をはじめとする青年あるいは成人男性の性的な興味関心に対する配慮がなされていることは想像に難くない。特に低年齢層の子どもを主対象とした特撮ヒーロー番組では，その視聴の鍵を握るのは親であり，親にとっても「楽しめる」番組につくっていくことが視聴率を上げる必要条件となるため，こうした傾向はある面では避けられない部分もある。しかし，そうした部分にはジェンダー・バイアスの維持・強化に影響を及ぼす要素が介在しているのではないかと推察される。

　果たしてトータルとしてみた時に，ジェンダー・バイアスは緩和されているのだろうか，それとも維持・強化されているのだろうか。今後，特撮ヒーロー

番組を鑑賞する際には，そうしたことも考えながら鑑賞してみるのも面白いだろう。

注

1) このクイズは，男女平等教育研究会編（1999）『男女平等教育に関する学習ガイドブック』に掲載されているクイズをもとに，内容を一部改変したものである。
2) たとえば，第6作目『大戦隊ゴーグルファイブ』の第4話「ムクムク暗黒地雷」と，第30作目『轟轟戦隊ボウケンジャー』の第12話「ハーメルンの笛」を見比べてみよう。
3) 『サイボーグ009』の主人公は9人であるが，そのうちの1人である「003：フランソワーズ・アルヌール」は女性である。また，『好き！ すき!! 魔女先生』では，主人公である「かぐや姫先生」（女性）が「アンドロ仮面」に変身して敵と戦う姿が描かれている。
4) 第15作目『鳥人戦隊ジェットマン』や第25作目『百獣戦隊ガオレンジャー』では，ヒロインに白色が割り当てられている。しかしそれら白色のヒロインは，基調を白としつつも桃色でアクセントがつけられていることから，桃色のヒロインの系譜に位置づけることができる。
5) 村瀬（2000）によれば，「エリートのキャリア女性が『男並み』ファッションを志向していたのは雇用機会均等法の前まで」であり，「肩パッドの入ったメンズ仕立ての服に身を包み，さっそうと歩くというキャリア女性のイメージは80年代半ばにはすでに時代遅れになった」（85頁）という。

参考文献

清水隆子（2003）「幼児の色彩選好と親のジェンダー意識——ピンク色選好にみられるジェンダー・スキーマ」『早稲田大学大学院教育学研究科紀要別冊』11：87-95.
村瀬ひろみ（2000）『フェミニズム・サブカルチャー批評宣言』春秋社.

（葛城浩一）

人名索引

A–Z

Antonio, R. J.　*167*
Quagagno, J. S.　*167*

ア 行

阿部進　*11*
網野善彦　*119*
アリエス，Ph.　*4, 17, 20, 22, 28, 147, 148, 183*
井上ひさし　*121*
井上靖　*118*
今田絵里香　*111*
イリイチ，I.　*102*
ウィリス，P.　*30, 46*
氏家幹人　*112*
大門正克　*22*
小川未明　*20*

カ 行

亀山佳明　*122*
柄谷行人　*141*
河原和枝　*20, 111*
北沢毅　*173*
北原白秋　*7*
キツセ，J. I.　*166*
ギデンズ，A.　*31*
ギンタス，H.　*46*
是澤博昭　*18*
是澤優子　*18*

サ 行

佐藤忠男　*111*
佐藤春夫　*119*
沢山美果子　*22, 24*
菅野盾樹　*168*
鈴木三重吉　*7, 21*
スペクター，M. B.　*166*
住田正樹　*18*

芹沢俊介　*117*

タ 行

太宰治　*121*
チクセントミハイ，M.　*151*
常光徹　*175*
デュルケーム，E.　*118*
トロウ，M.　*98*

ナ 行

中勘助　*117*
夏目漱石　*114*

ハ 行

蓮実重彦　*143*
バルト，R.　*124, 138*
バーンスティン，B.　*46, 70*
ピアジェ，J.　*183*
東野充成　*16*
樋口一葉　*112*
広田照幸　*24, 111*
ブルデュー，P.　*46, 70*
ペスタロッチ，J. H.　*5*
ベッカー，H. S.　*163, 165*
ベック，U.　*31*
ペロー，C.　*2*
宝月誠　*161, 168*
ボウルズ，S.　*46*
ポストマン，N.　*8, 177*
本田和子　*177*

マ 行

マートン，R. K.　*164, 165*
宮台真司　*59*
梅子涵　*124*

ヤ 行

山田浩之　*10*

ヤング, M.　69
吉本隆明　117

ラ 行

ラトゥール, B.　184

ルソー, J.J.　4
ロック, J.　5

事項索引

ア 行

ICT　9
アイデンティティ　37, 166
『赤い鳥』　6, 21, 111
悪　123
　　生成の――　123
　　知性のひらめきが生む――　123
　　人のたやすく制御しがたい自然に近接した
　　　　――　123
遊び空間　120
新しい学力観　68
アフターケア　51
育児の商品化　25
悪戯　120
イノセンス　149
エクリチュール　138
『エミール』（ルソー）　4
大人と子どもの境界　18
大人になる　28
「大人による大人のための」子ども論　177

カ 行

学歴　25, 44
学校化　102, 114
葛藤と不安　150
仮面ライダー　11
柄相応主義　93
機能的価値（地位達成機能）　86
教育する家族　24, 30, 83
教師の仕事　16
業績原理　44
業績主義　69, 85, 193
去勢化　149
規律・訓練　118
近代家族　23
近代の産育施策　23
グリム童話　2

経験の政治学　183
厳格主義　148
言語コード　46
限定コード　70
「権利の主体としての子ども」観　17
交番　114
国際学習到達度調査　→ PISA
個人化　31, 32
子どもがかかわる文化　180
子ども観　15, 16
　　近代的な――　20
　　保護される――　22
　　ロマン主義的な――　20
　　――の研究　18
　　――の定義　18
子ども期　19
子供戦争　112
『〈子供〉の誕生』（アリエス）　4, 141, 183
子どもの標準化　149
子ども文化　178
子どもへのまなざし　15
コミュニケーション・ツール　176
コンテクスト　34

サ 行

再生産論　70
サブカルチャー　31
ジェンダー　30, 189
ジェンダー・バイアス　194, 198, 199
ジェンダー観　189
　　固定的な――　195
児童虐待　15
児童文化　178
児童養護施設　47
『児童読物改善ニ関スル指示要綱』　178
島宇宙　55, 59, 60
社会＝空間　33
社会階層　44

203

社会構築主義　*166*
社会的経済的地位獲得競争　*84*
受験主義　*148*
受験体制　*86-90*
『少女の友』　*111*
象徴的価値（地位表示機能）　*86*
『少年倶楽部』　*21, 111*
商品経済　*117*
情報リテラシー　*9*
職業的地位　*79*
女子差別撤廃条約　*191*
新規学卒者一括採用　*29*
新中間層の家族　*24*
人文地理学　*35*
スクールカースト　*55, 60*
スティグマ　*150*
捨て子　*23*
生活習慣　*71, 73*
生徒化　*104*
精密コード　*70*
「責任の主体としての子ども」観　*17*
世襲　*80*
世代間移動　*44*
セックス　*189*
絶対的貧困　*41*
全国学力・学習状況調査　*72*
戦後日本型青年期　*29*
相対的貧困　*41*
属性原理　*44*
属性主義　*193*

タ　行

大学教育改革　*98*
大衆教育社会　*86*
第2の〈子ども〉の誕生　*10*
多元的なモラルコミュニティ　*156*
脱学校化　*103*
脱標準化　*158*
タブラ・ラサ　*5*
男女共同参画審議会　*192*
男女雇用機会均等法　*191, 198*
　第1次——　*192*
　第2次——　*192*
挑発する子どもたち　*178*
道化　*119*
童心　*21, 111*
童心主義　*20, 148*
　——への傾斜　*25*
投石　*115*
トロウ・モデル　*83, 87*

ナ　行

能研テスト　*84*
望ましい人間関係　*56, 65*

ハ　行

バイオグラフィ　*32*
ハイブリッド　*184*
『ハレンチ学園』　*11*
ピーターパン　*138*
　——のエクリチュール　*138*
PISA　*45, 73*
　——ショック　*73*
非標準化　*158*
貧困線　*41*
『二人の喫茶店』（梅子涵）　*136*
負のラベル　*151*
プリキュア　*11*
フロー体験　*151, 157*
文化資本　*46, 71, 79*
文化的再生産論　*46, 72*
文化的なネオテニー（幼生成熟）　*181*
文体　*125*
文明化　*116*

マ　行

マス選抜の論理　*88*
祭り　*114*
身分制度　*44*
無垢　*111*
『娘物語』（梅子涵）　*126*
メリトクラシー　*68, 85*

ヤ 行

野生　*112*
良い子　*21*
溶解体験　*150, 157*
予言の自己成就　*164, 165*
弱い紐帯　*65*
四六答申　*85*

ラ・ワ 行

ライフストーリー　*133*
ラベリング理論　*161, 163, 165*
リアリティの分離　*182*
理想的な子ども像　*19*
理想の子ども部屋　*25*
ローカリティ　*33, 34*
悪知恵　*119*

執筆者紹介（執筆順，執筆担当）

山田　浩之（やまだ・ひろゆき，編者，広島大学大学院人間社会科学研究科）　第1章

南本　長穂（みなみもと・おさお，編者，元・京都文教大学子ども教育学部）　第2章

尾川　満宏（おがわ・みつひろ，広島大学大学院人間社会科学研究科）　第3章

西本　佳代（にしもと・かよ，香川大学大学教育基盤センター）　第4章

長谷川祐介（はせがわ・ゆうすけ，大分大学教育学部）　第5章

西本　裕輝（にしもと・ひろき，琉球大学大学グローバル教育支援機構）　第6章

作田　良三（さくだ・りょうぞう，松山大学経営学部）　第7章

藤本　佳奈（ふじもと・かな，元・香川大学キャリア支援センター）　第8章

原田　　彰（はらだ・あきら，広島大学名誉教授）　第9章

賀　　暁星（が・ぎょうせい，南京大学社会学院）　第10章

白松　　賢（しらまつ・さとし，愛媛大学教育学部）　第11章

久保田真功（くぼた・まこと，関西学院大学教職教育研究センター）　第12章

吉岡　一志（よしおか・かずし，山口県立大学国際文化学部）　第13章

葛城　浩一（くずき・こういち，神戸大学大学教育推進機構）　第14章

MINERVA TEXT LIBRARY ⑥⑤
入門・子ども社会学
——子どもと社会・子どもと文化——

| 2015年4月20日 | 初版第1刷発行 | 〈検印省略〉 |
| 2025年1月30日 | 初版第3刷発行 | |

定価はカバーに
表示しています

編著者	南本 長穂
	山田 浩之
発行者	杉田 啓三
印刷者	中村 勝弘

発行所　株式会社　ミネルヴァ書房
607-8494 京都市山科区日ノ岡堤谷町1
電話代表 (075)581-5191
振替口座 01020-0-8076

© 南本・山田ほか, 2015　　中村印刷・吉田三誠堂製本

ISBN978-4-623-07150-0
Printed in Japan

教育社会学概論
―――― 有本　章・山﨑博敏・山野井敦徳 編著　A5判　240頁　本体2500円
●教育社会学の対象・方法・内容をわかりやすく解説する。「教育」の営みのなかの「社会」的な側面や，「教育と社会」「学校と社会」の関係に着目させて，学校，教育へ社会学的にアプローチする。

よくわかる教育社会学
―――― 酒井　朗・多賀　太・中村高康 編著　B5判　210頁　本体2600円
●日本における教育社会学は教育や子ども・青少年の成長に関する総合的な社会科学として発展してきた。こうした歴史と最新の動向を踏まえて，本書は，教育社会学において取り上げられる多様なテーマ，および教育現象への社会学的視点について平易な記述で紹介する。

よくわかる質的社会調査　プロセス編
―――― 谷　富夫・山本　努 編著　A5判　B5判　240頁　本体2500円
●社会調査の概説，歴史的展開と，問いを立てる→先行研究に学ぶ→技法を選ぶ→現地に入って記録する→収集したデータを処理して報告書を作成する，までの過程を具体的にわかりやすく解説する。

よくわかる質的社会調査　技法編
―――― 谷　富夫・芦田徹郎 編著　B5判　240頁　本体2500円
●質的調査のスタンダードなテキスト。調査方法の紹介とその技法，そして調査で収集したデータの分析技法をわかりやすく解説する。

――――― ミネルヴァ書房 ―――――

http://www.minervashobo.co.jp/